어린이를 위한
책임감

맡은 일을 완성하는 힘

어린이를 위한
책임감

글 양혜원 그림 옥지현

위즈덤하우스

추 천 의 글

책임감은 마음에서 시작해서 몸으로 실천하는 거예요!

    자신이 맡은 일을 깜빡 잊어버려 중요한 일을 망쳤던 적이 있나요?
    이런 일이 생기면 주위 사람들은 마치 여러분이 일부러 그러기라도 한 것처럼 잘못을 꾸짖을 때가 많았을 거예요. 실수였다고 말해도 '이미 엎질러진 물'이라며 야단을 맞기도 했겠죠? 더 속상한 건 그렇게 야단을 맞고도, 다음번에 또다시 자신이 맡은 일을 깜빡하게 된다는 거예요. 이런 일이 반복되면서 '책임감 없는 아이'라는 말을 듣기 시작했을 거고요.
    어떻게 하면 '책임감 없는 아이'라는 오명에서 벗어날 수 있을까요?
    먼저, 내가 맡은 일을 중요하게 여기는 거예요. 이런 생각은 우리의 몸을 긴장하도록 만들지요. 적당한 긴장은 몸을 민첩하게 하고, 기억력을 좋게 하거든요.
    다음, 내가 맡은 일을 온 몸으로 기억하는 거예요. 우리는 중요한 일은 꼭 기억하려고 노력하지요. 하지만 문제는 필요한 때 그 기억이 떠오르느냐 하는 거예요. 제때 자신이 맡은 일을 떠올릴 수 있다면 맡은 책임을 실천하는 데 어려울 게 없겠지요. 하지만 머리는 생각보다 건망증이 심하거든요. 그래서 자주 중요한 일을 잊어버리고, 다 지난

후에야 생각날 때가 많아요. 내가 맡은 중요한 책임은 '머리'가 아니라 '몸'이 기억하게 하세요. 몸은 머리가 잊어버린 일까지도 기억해 낸답니다.

어떻게 몸으로 기억하느냐고요?

늘 내가 해야 할 일을 눈여겨보고, 입으로 말해 보고, 손으로 써 보고, 팔다리 몸통을 이용해 연습하는 거예요. 그럼 우리의 몸통과 눈, 코, 입, 귀 모두가 해야 할 일을 기억하고 있을 뿐만 아니라, 그 일을 해야 할 상황이 되면 거침없이 실천하고자 할 거예요.

상두의 이야기는 책임감을 몸소 실천하는 과정을 잘 보여 줍니다. 상두는 자신의 잘못을 인정하고, 다시는 똑같은 실수를 반복하지 않겠다고 다짐하지요. 그리고 그 결심을 실행에 옮기면서 '책임감 없는 아이'라는 오명에서 벗어나게 됩니다. 상두의 책임감은 '머리'로 생각하는 데서 그친 것이 아닌 '몸'으로 직접 실천함으로써 얻게 된 것이지요.

여러분도 상두처럼 '책임감 있는 아이'가 되고 싶지 않나요?

그렇다면 여러분도 상두처럼 해 보세요. 그리고 상두와 함께 신나게 꽹과리를 치는 거예요.

째-잰 째-잰 짼-째재잰--

내 일은 내가 책임진다!

아동심리학자, 한북대학교 영유아보육학과 교수 김민화

차례

추천의 글
책임감은 마음에서 시작해서 몸으로 실천하는 거예요 | 4

step 1
주어진 일을 중요하게 여기기

날아라, 공 | 10
콩나물 기르기 | 29

step 2
자신과의 약속 지키기

요리 실습 | 54
밝혀진 비밀 | 71

step 3
잘못 인정하기

엉킨 실타래 | 94
집에 들어가기 싫어 | 115

step 4
맡은 일 끝까지 해내기

바다 바다 바다 | 138
가을 운동회 | 160

작가의 글
스스로 선택하고 결과에 책임지세요 | 178

★ step 1
주어진 일을 중요하게 여기기

책임감은 자신에게 주어진 임무나 의무를 중요하게 여기는 마음이에요.
따라서 임무나 의무를 다른 사람에게 떠넘기거나 미루는 게 아니라
앞장서 행동하는 것이 중요해요.
자신이 해야 할 일을 미루는 습관이 계속해서 쌓인다면 불성실하고
책임감 없는 사람이 되기 쉽지요.

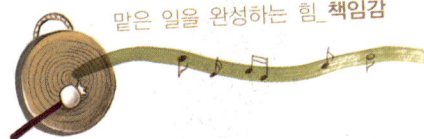

맡은 일을 완성하는 힘_**책임감**

날아라, 공

속으로 쿡쿡 웃음이 나왔다. 선생님께 혼나고
준서에게 싫은 소리를 듣고도 공 찰 생각이 먼저 떠오르다니!

바글바글 복도에 가득한 아이들을 요리조리 피해 상두는 교실을 향해 달렸다. 여름인지 가을인지 모를 9월의 날씨는 반팔 셔츠를 벗어던지고 싶을 만큼 후덥지근했다.

상두는 교실 문 앞에서 고꾸라질 듯 멈춰 서서는 뻑뻑한 미닫이문을 힘주어 밀었다.

드르륵.

교실 문이 요란한 소리를 내며 열렸다. 어찌나 세게 열어젖혔는지 벽에 붙은 '6-1' 표지판이 흔들거렸다.

밥을 먹고 바로 뛰어와서인지 옆구리가 쿡쿡 쑤셨다. 헉헉 숨을 몰아쉴 때마다 푹 퍼진 코가 벌름거렸다. 상두는 재빨리 자신의 자리로 뛰어가 책상 밑에 얌전히 놓인 공을 집어 들었다. 얼굴에 빙그레 웃음이 번졌다.

뒤이어 영보가 몸을 던져 미끄러지듯 들어왔다. 솜털이 보송보송한 얼굴이 벌겋게 달아 있었다. 영보는 상두가 들고 있는 공을 보더니 환하게 웃으며 말했다.

"야야, 쌤 오기 전에 빨리빨리!"

상두가 책상 사이로 공을 요리조리 몰며 교실 뒤로 갔다. 숨을 헐떡이는 영보에게 가볍게 공을 굴려 보냈다.

"슛!"

좁은 교실이다 보니 상두는 공을 살살 찰 수밖에 없었다. 연신 '슛'을 외치기는 했지만 발에 힘을 주지 않고 차려니 영 재미가 없었다. 공은 그야말로 젖 먹던 힘까지 다해 뻥 차야 제맛인데 말이다.

교실에서 공차기는 상두네 반 금지 사항이다. 언제나 남자처럼 바지만 입고 다니는 선생님은 비가 올 때마다 반 아이들에게 주의를 주곤 했다.

"너희들 교실에서 공 차면 어떻게 되는 줄 알지? 친구들이 다

칠 수도 있고, 유리창을 깰 수도 있고, 옷에서 풀썩이는 먼지 때문에 건강에도 안 좋고 말이다! 어이, 우리 6학년 1반에서 그런 일은 절대 없기야!"

오늘도 아침부터 추적추적 비가 내리자 선생님은 아이들에게 다짐을 받듯이 '교실에서 공차지 않기'를 강조했다.

"야야, 천천히. 살살!"

상두는 영보의 살살 차라는 말에 심통이 났다. 그렇잖아도 발이 근질근질하던 차에 계속해서 조심하라고 종알대는 소리가 듣기 싫었다.

"내가 알아서 차거든. 신경 끄셔."

상두가 발끝에 힘을 조금 주자 공이 교실 벽에 탁 부딪혀 튕겼다. 영보가 얼굴을 찡그리며 소리쳤다.

"야. 조심하라니까!"

영보는 상두에게 조심스레 공을 보냈다.

"마지막 슛!"

상두의 발이 공중을 획 갈랐다.

발힘에 탄력을 받은 공은 교실을 가로질러 급훈 액자에 부딪힌 뒤 튕겨 나갔다.

와장창 소리를 내며 액자가 떨어졌다. 산산조각이 난 유리가 바닥으로 흩어졌다. 점심을 먹고 들어오던 아이들이 눈을 휘둥그레 뜨고 멈칫거렸다.

"야! 어떡해! 조심하라고 했잖아."

영보가 깨진 유리와 상두를 번갈아 바라보며 발을 굴렀다. 상두도 멍하니 영보를 바라보았다. 선생님 얼굴이 떠올랐다.

"또 일냈냐?"

등 뒤에서 비아냥거리는 소리가 들렸다. 평소 상두가 하는 일이라면 매사 못마땅해하는 준서였다. 상두는 돌아서서 눈을 치뜨고 준서를 노려보았다.

"치우면 될 거 아냐."

"그래. 애들 다치기 전에 빨리 치우라고!"

"치울 거거든."

상두는 선생님처럼 말하는 준서가 아니꼬웠다.

'쳇, 웃기셔.'

청소함에서 빗자루와 쓰레받기를 가져다 유리 조각을 쓸다 보니 선생님께 혼날 일이 걱정되었다.

'오늘 아침에도 주의를 주셨는데…….'

아니나 다를까. 다섯째 시간이 시작되자 선생님이 들어와 상두와 영보를 불렀다.

"김상두, 조영보. 그 공 이리 가져와. 일주일 동안 압수다, 엉? 이 녀석들, 2학기 시작한 지가 며칠이나 됐다고. 방학 동안 가정 학습하면서 얌전해졌나 했더니, 원. 한 번만 더 말썽 부리면 엄마 오시라고 할 거야!"

변명이 필요 없다는 듯 선생님이 단호하게 말했다.

"네."

"죄송합니다."

상두랑 영보가 기어들어 가는 목소리로 대답했다. 선생님은 그동안 말썽을 부릴 때마다 넉넉한 웃음으로 용서해 주셨는데, 오늘은 화가 단단히 났는지 딱딱한 표정을 풀지 않으셨다.

날씨처럼 찜부럭한 기분으로 오후 시간을 보내고 청소 시간이 되었다. 비 오는 날은 청소하기가 만만치 않았다. 흙탕물이 아이들 신발에 잔뜩 묻어 교실 바닥까지 더럽혔기 때문이다.

상두는 교실 바닥과 벽에 빗자루를 탁탁 부딪치며 먼지를 쓸어

나갔다. 책상을 한쪽으로 밀어 두어 넓어진 공간을 보니 공을 차면 참 좋겠다는 생각이 들었다.

'에이, 안 돼. 이제 교실에서 공 안 찰 거야.'

속으로 쿡쿡 웃음이 나왔다. 선생님께 혼나고 준서에게 싫은 소리를 듣고도 공 찰 생각이 먼저 떠오르다니!

그때였다.

"아얏!"

운동장으로 난 창 쪽에서 비명 소리가 났다. 돌아보니 준서가 한쪽 발을 들고 외다리로 서서 상두 쪽을 째려보고 있었다.

"야, 너 때문에 발 다쳤잖아. 유리를 어떻게 쓸어 낸 거야?"

준서가 찌푸린 얼굴로 소리를 질렀다. 상두는 빗자루를 내던지고 준서에게 달려갔다. 실내화가 아닌 슬리퍼를 신은 탓에 유리를 밟은 것 같았다. 발뒤꿈치에 피가 조금 났다.

"많이 다쳤니? 미안해."

"비켜! 액자 값에다 내 약 값까지 물어내라. 응?"

"뭐? 참 내."

상두는 어이가 없어 헛웃음을 웃었다.

"야, 양호실 가서 약 바르면 되잖아."

"너 때문에 다쳤는데 미안하지도 않다 이거지?"

준서가 작정한 듯 상두에게 눈을 부릅떴다.

"미안, 나랑 같이 양호실 가자."

상두는 다시 마음을 누그러뜨리고 준서의 팔을 잡았다.

"됐거든."

준서가 상두 손을 세게 뿌리쳤다. 상두는 잠시 비틀대다 몸을 바로 세우고는 주먹을 불끈 쥐었다.

"어쭈, 치려고? 그래, 쳐 봐!"

준서가 상두 앞으로 바짝 다가섰다. 청소하던 아이들이 우르르 몰려들었다. 가슴이 서로 닿을 듯 말 듯했다. 순간 상두가 준서를 힘껏 밀쳤다. 준서가 기우뚱하며 저만큼 나자빠졌다. 하지만 재빠르게 일어나더니 달려들며 머리로 상두의 배를 들이받았다. 퍽 소리가 났다.

상두는 허리를 굽히며 배를 움켜 잡았다. 상두가 준서처럼 덩치가 작았다면 당장 고꾸라졌을 것이다. 몸집은 작아도 온 힘을 실어 들이받으니 꽤나 아팠다.

상두는 잠시 숨을 고르고는 허리를 펴고 준서에게 달려들었다. 둘은 뒤엉켜 엎치락뒤치락 교실 안을 뒹굴었다. 여자애들이 '꺅

꺅!' 소리를 질렀다.

준서 코에서 피가 흘렀다. 상두는 내지르려던 주먹을 멈칫했다.

그때 굵은 목소리가 교실 안에 쩌렁쩌렁 울렸다.

"너희들, 뭐하는 짓이야?"

선생님이었다. 준서의 배 위에서 씩씩거리던 상두가 슬그머니 일어났다. 준서도 한 손으로 코피를 쓱 문지르며 몸을 일으켰다. 예린이가 재빨리 휴지를 가져다 준서에게 내밀었다.

"김상두! 액자 깨뜨린 것도 모자라 싸움까지 해? 오늘은 벌을 단단히 받아야겠구나."

선생님이 상두를 매섭게 쏘아보았다.

"둘 다 이리 나와!"

휙 돌아서서는 교탁 앞으로 갔다.

"왜 싸웠니? 이유를 말해 봐!"

선생님의 싸늘한 눈초리에서 찬바람이 훅 일었다. 상두와 준서는 멈칫거리며 아무 말도 못했다.

"좋아. 대답은 안 해도 돼. 대신 오늘 청소는 너희 둘이 한다. 다 하면 검사 맡으러 오고."

느닷없는 선생님의 말에 상두는 어깨를 움찔했다.

'교실이랑 복도랑 쓸고 대걸레질하고, 스무 개나 되는 책상들 줄 맞춰 제자리에 갖다 놓고…….'

머릿속으로 청소할 것들을 헤아려 보니 보통 일이 아니었다.

"다른 사람들은 집에 가도 좋다."

청소는 하는 둥 마는 둥 상두와 준서를 힐끔거리고 있던 아이들을 향해 선생님이 큰 소리로 말했다.

"와!"

아이들은 교실이 떠나가라 환호를 질렀다. 혹시 상두와 준서가 싸운 게 잘됐다고 여기는 게 아닐까 생각될 정도였다.

왁자하던 교실에 상두와 준서, 영보만 남았다. 영보는 집에 가는 척 가방을 메고 주춤거리더니 선생님이 나가자 다시 들어왔다.

"야야, 우리 후다닥 하고 집에 가자. 이까짓 청소, 나 혼자도 하겠다!"

영보가 여기저기 팽개쳐진 빗자루들을 모아 들고 다가왔다. 준서가 영보 손에서 빗자루를 낚아채서는 저만치 가 버렸다.

'쳇!'

상두는 그런 준서의 뒤통수에 대고 콧방귀를 뀌었다.

"어? 순권이다."

영보가 비질을 하다 우뚝 멈췄다. 복도에서 순권이가 청소를 하고 있었다. 역시 반장은 달랐다.

상두는 뚝 떨어져 혼자 바닥을 쓸고 있는 준서를 힐끔거렸다. 어깨를 축 늘어뜨리고 비질을 하는 모습이 힘이 하나도 없어 보였다. 늘 붙어 다니는 경훈이도 가고, 여자 친구인 짝꿍 예린이도 없이 혼자 있는 준서를 보자 미안해졌다.

'준서는 지금 나를 원망하고 있겠지? 나랑 다시는 말도 안 하려고 할 거야.'

청소하는 내내 준서가 마음에 걸렸다. 먼저 사과할까도 생각했지만 마음이 쭈뼛쭈뼛 뒷걸음질쳤다.

영보와 순권이 덕에 청소가 빨리 끝났다. 검사하러 오신 선생님은 교실 구석에 어정쩡하게 서 있는 영보와 순권이를 보았는데도 별 말씀이 없었다. 말은 상두와 준서 둘이서만 청소하라고 했지만, 기꺼이 남아 친구를 도와준 두 사람이 선생님도 기특했을 터였다. 상두도 기분이 한결 나아졌다.

"다녀왔습니다."

인사를 하는 목소리가 평소만큼 밝지 않았다.

"우리 상두, 왜 이렇게 시무룩하냐?"

닭 모이를 주고 나오던 아빠가 먼저 상두를 보았다. 아빠는 상두의 기분을 금방 알아챈다. 상두는 그런 아빠가 좋았다.

"학교에서 말썽 부려서 선생님께 혼났겠지. 안 봐도 비디오다, 비디오야."

엄마가 수돗가에서 고기를 손질하며 뒤도 안 돌아보고 말했다. 비가 오는데도 아빠는 십 리나 되는 개펄을 걸어 나가 그물에 걸린 고기를 걷어 온 모양이었다.

"허허, 우리 상두가 개구쟁이인 건 온 동네가 다 아는걸. 뭘, 새삼스럽게."

아빠가 두 팔을 크게 벌려 상두를 감싸 안았다. 어떻게 말할까 고민하던 상두는 불쑥 용기가 솟았다.

"사실은 아빠, 교실에 걸려 있던 급훈 액자를 깼어."

"뭐? 아이고, 그러면 그렇지. 오늘은 그냥 넘어가나 했네."

엄마가 쪼그려 앉은 자세로 고개만 돌려 얼굴을 찌푸렸다. 햇볕에 그을린 얼굴에 박힌 주근깨가 더 진해 보였다.

"아니, 그 높은 데 걸려 있는 액자를 어쩌다 깬 거야, 응? 교실에서 또 공 찼지?"

엄마 목소리가 점점 높아갔다. 상두는 대답 대신 고개를 끄덕였다.

"여보! 아이들이 놀다 보면 그럴 수도 있지. 당신이 선생님께 전화 드리든지 찾아가 봐요."

"내가 못 살아. 어째 하루도 안 빼놓고 말썽을 부리냐. 내년이면 중학생이 될 녀석이."

엄마 목소리가 한결 낮아진 걸 보면 역시 엄마는 아빠 말을 잘 듣는다. 아빠는 언제나 상두 편이다. 기억을 더듬어 봐도 아빠에게 혼난 적은 한 번도 없다.

"엄마, 이제 공 안 찰 거야."

상두가 엄마를 안심시키듯 힘주어 말했다.

"흥, 고양이가 쥐를 마다할까. 네가 공을 안 차?"

"아니, 교실에서 안 찬다고. 헤헤."

"그럼 그렇지. 이제 엄마를 놀려 먹네."

엄마가 기가 막힌다는 듯이 눈을 곱게 흘겼다.

"그럼, 그럼. 우리 상두가 또 교실에서 공 차면 그땐 아빠한테 혼 좀 나야지."

"에이, 아빠한테 혼나는 건 하나도 안 무서운데. 헤헤"

"뭐라고? 이 녀석이?"

아빠가 짐짓 화난 표정을 지으며 상두에게 꿀밤을 먹이려고 했다. 상두가 아빠 손을 탁 잡아 자기 머리를 때렸다.

"알았어, 아빠. 이렇게 때려 줘."

"오냐, 이 녀석. 한 대 먹어라."

아빠가 진짜로 상두 머리에 꿀밤을 세게 주었다.

"아얏!"

상두가 머리를 감싸며 얼굴을 찡그렸다.

"아빠, 그렇다고 진짜 때려?"

"그럼 진짜 때리지, 가짜로 때리냐? 내 꿀밤도 한 대 먹어라!"

엄마가 어느새 다가와 상두에게 꿀밤을 주었다. 그러자 옆에 있던 동생 연두도 주먹을 쥐고 다가왔다.

"오빠, 나도 한 대!"

"됐거든. 에잇, 방구나 먹어라. 뿡~!"

상두가 방귀 한 방을 날리고는 책가방을 덜렁거리며 집 안으로 뛰어들어 갔다.

"어유, 냄새. 방귀쟁이 오빠!"

연두가 소리를 질렀다. 엄마랑 아빠가 웃는 소리가 상두 뒤를 따라왔다. 찌무룩했던 기분이 활짝 펴졌다.

밥상에 둘러앉아 저녁을 먹는데 전화벨이 울렸다. 엄마가 숟가락을 놓고 잽싸게 수화기를 들었다.

"아, 네. 선생님!"

상두는 깜짝 놀라 숟가락질을 멈추고 엄마를 쳐다보았다. 특별한 일이 아니면 선생님은 집으로 전화하지 않는다. 물론 낮에 액자를 깨고 준서와 싸우기는 했지만 그런 걸 일일이 부모님께 전달할 선생님이 아니다.

"네, 알겠습니다. 선생님. 그럼 내일 뵙겠습니다."

'내일? 학교에서?'

상두의 얼굴이 어두워졌다. 전화를 끊고 엄마가 밥상 앞에 앉았다. 상두는 조마조마해서 엄마의 입만 쳐다보았다. 엄마가 상두를 쏘아보았다.

"상두 너, 준서하고 싸웠니?"

"……."

"준서를 코피가 나도록 때렸어?"

상두가 입을 딱 벌렸다.

"왜 말을 못해? 준서를 얼마나 때렸기에 코피가 다 나?"

엄마가 소리를 빽 질렀다.

"씨, 걔도 나 많이 때렸단 말이야."

"준서네 엄마를 몰라서 걔랑 싸워? 내일 학교에서 만나자고 한다잖아."

엄마가 목소리를 높이자 아빠가 끼어들었다.

"준서 엄마도 참. 애들 싸움에 어른이 나서서 뭘 어쩌겠다고. 당신이 저녁 먹고 준서네로 찾아가 보지 그래."

"당신은 한 동네 살면서 학교에서 만나자고 하는 거 보면 몰라요? 꼼짝없이 학교에 가야지."

엄마가 한숨을 폭 내쉬었다. 내일 해야 할 밭일이며 집안일을 머릿속에서 헤아리고 있는 게 분명했다.

"싸우면서 크는 게 애들인데. 상두야, 이제부터 준서랑 싸울 땐 특히 코를 조심해라."

아빠가 눈을 찡긋했다. 아빠의 한쪽 입꼬리가 눈을 따라 올라가며 입이 비뚤어졌다. 상두는 그런 아빠의 모습이 우스워 쿡, 하고 웃음을 터뜨렸다.

"애가, 애가. 지금 웃음이 나오니? 당신이 만날 상두 편만 드니까 저 녀석이 저렇게 말썽만 부리지."

"아빠가 아들 편드는 게 당연하지. 안 그러냐, 상두야?"

"맞아, 맞아. 역시 우리 아빠가 최고!"

상두가 숟가락을 높이 쳐들었다. 그러자 연두가 제 숟가락을 들고 상두 숟가락에 쨍 부딪쳤다. 연이어 아빠도 숟가락을 부딪쳤다. 엄마가 숟가락 세 개를 노려보았다.

"자자, 내일 일은 내일 생각하고, 지금은 저녁을 먹자고!"

아빠가 된장찌개를 한술 떠서 입에 넣고는 과장되게 쩝쩝 소리를 냈다.

"아이고, 맛있다! 속뜨물 받아 끓인 된장찌개. 우리 마나님 솜씨는 세월이 가도 변함이 없다니까. 그렇지, 애들아?"

"우리 엄마 음식 솜씨 최고!"

"맞아, 맞아. 엄마가 해 주는 게 제일 맛있어."

아빠의 말을 받아 상두가 너스레를 떨자 연두도 맞장구를 쳤다. 엄마도 기분이 풀어졌는지 방싯 웃었다.

맡은 일을 완성하는 힘_**책임감**

콩나물 기르기

아침부터 지금까지 콩나물을 까맣게 잊고 있었다.
한두 번 깜박 까먹은 적은 있었지만 어제오늘 전혀 신경을 쓰지 못했다.

　오후에 엄마가 학교에 온다고 했다. 아침을 먹을 때, 학교에 오기 싫어하는 엄마를 아빠가 조곤조곤 달랬다.
　"액자 문제도 있고, 어차피 학교에 가 봐야 할 텐데 겸사겸사 다녀와."
　"선생님 뵙는 것도 조심스러운데 준서 엄마까지 만나야 하잖아."
　엄마가 상두에게 못마땅한 눈길을 보냈다.
　"새 학기도 시작되었는데 선생님 찾아뵙는 게 당연하지, 뭐. 말썽꾸러기 우리 상두 앞으로도 잘 봐 주십시오, 하고 말이야."

"그렇긴 하지만, 꼴도 이렇고……."

엄마는 파마가 풀려 부스스한 머리를 매만지며 이맛살을 찌푸렸다.

'지금쯤 준서 엄마를 만나고 있을 텐데.'

준서의 표정을 살펴보았다. 준서는 오전 내내 상두의 눈길을 피했다. 하지만 표정은 의기양양했다. 마치 든든한 경호원이 양쪽에서 버티고 있는 듯한 표정이었다.

'치사한 자식! 코피 좀 났다고 엄마까지 부르고.'

상두는 준서의 뒤통수를 쏘아보았다. 자기가 먼저 밀었지만 때린 건 준서가 먼저다. 맞고도 가만히 있을 사람은 없다. 액자를 깨뜨렸을 때 시비를 건 것도 준서다.

'재수 없는 자식.'

상두는 준서 엄마를 떠올렸다. 서울에서 이사 온 준서 엄마는 늘씬하고 세련됐다. 농사도 짓지 않고 배도 부리지 않았다. 준서 아빠가 무슨 해양연구소인가 하는 곳에 다녀서 직장 따라 이곳에 왔다고 했다.

준서 엄마는 보통 깐깐한 게 아니었다. 자식 사랑도 유난해서 자식 일이라면 좋은 일이든 나쁜 일이든 누구보다 앞장섰다.

다음으로 상두는 엄마를 떠올렸다. 동그스름한 얼굴, 자그마한 키에 토실토실한 몸맨두리. 화장을 하고 머리를 매만지고 좋은 옷을 입고 나서면 엄마도 무척 예뻤다.

그러나 엄마는 취미 생활도 없었다. 여행을 간다거나 도시로 나가 영화나 연극을 본다거나 친구를 만나지도 않았다. 기껏 마을 부녀회에서 일 년에 한두 번 정도 노래방에나 갈까. 상두와 연두를 키우고 아빠와 농사일을 하고 집안일을 하는 게 전부였다.

상두는 아침나절에 받아 둔 우유를 들고 창가로 갔다. 따가운 햇살이 운동장에 내리꽂혀 모래알들이 희끗희끗 빛났다.

'엄마다!'

엄마가 운동장을 지나 막 교문을 나서고 있었다. 유행 지난 원피스를 가녆스럽게 입고, 굽 높은 구두를 신은 채 조심조심 천천히 걷고 있었다.

'준서 엄마 앞에서 쩔쩔맨 거 아냐?'

상두는 입에 머금고 있던 우유를 꿀꺽 삼켰다. 내 자식이 무조건 잘못했다며 머리를 조아렸을 엄마가 그려졌다. 아빠한테는 좋은 아내고 상두와 연두한테는 다정한 엄마지만, 어쩐 일인지 다른 사람한테는 늘 숙이고 들어갔다.

지금쯤 준서 엄마는 교장 선생님을 만나고 있을 것이다. 준서 아빠가 운영위원장이니 준서 엄마가 학교 선생님들과 친하게 지내는 것은 물론이었다.

상두는 아무도 없는 빈 운동장이 갑자기 숨이 막혀 왔다.

'쳇, 그까짓 운영위원장?'

상두는 속으로 콧방귀를 날려 주고는 자기 자리로 돌아왔다.

준서가 짝꿍 예린이와 머리를 맞대고 만화책을 보고 있었다. 요즘 한창 유행하는 서바이벌 만화 시리즈다. 반 아이들 전체가 준서가 가지고 오는 만화책을 돌려 보고 있는 중이었다. 물론 상두도 앞 권을 빌려서 다 보았다.

'한 번만 더 까불면 그땐 아예 코뼈를 부러뜨려 놓을까 보다.'

상두는 자기도 모르게 떠오른 생각에 흠칫 놀랐다. 친하지는 않았지만 그래도 같은 반 친구인데, 이런 생각까지 했다는 것에 스스로가 놀랐다.

"야, 김상두. 너 진짜 콩나물 신경 안 쓸 거야?"

생각에 잠겨 있는 상두의 귀에 빽 소리가 들렸다. 고개를 드니 상두와 함께 이번 주 콩나물 기르기 당번인 희주가 책상 옆에 서서 씩씩대고 있었다. 상두는 멍한 눈길로 희주를 쳐다보았다.

콩나물 기르기 **33**

상두네 반에서는 학기 초부터 콩나물 기르기를 했다. 일주일마다 두 명이 한 조가 되어 책임지고 콩나물을 길러 급식실에 팔았다. 그래서 일주일에 한 번은 꼭 급식에 콩나물국이나 무침, 콩나물을 넣은 찜이나 육개장 따위가 나왔다.

처음 콩나물 기르기를 제안했던 담임 선생님이 영양사 선생님과 의논했고, 급식실에서 콩나물을 사 주기로 한 것이다. 선생님은 콩나물 기르기를 하면 책임감이 길러진다며, 콩나물을 팔아 번 돈은 모아 학년 말에 뜻깊게 쓰자고 했다.

"와!"

"야호!"

선생님의 제안에 아이들은 환호성을 질렀다. 뜻깊은 일이라니! 과연 어디에 써야 할까?

"선생님, 여행 가요."

"크리스마스 때 보육원에 가요."

"불우 이웃, 여기 있어요."

아이들은 벌써 눈앞에 돈이 모인 양 들떠서 깔깔거렸다.

"조용, 조용! 어디에 쓸 것인지는 나중에 정해도 늦지 않아. 우선 너희들이 얼마나 책임감을 가지고 콩나물을 잘 기르느냐가 중요하지. 콩나물을 기르다 보면 생명에 대한 사랑도 싹트고, 너희 마음도 콩나물처럼 반듯하고 곧게 쑥쑥 자랄 거야. 너희 마음의 싹을 정성 들여 키운다고 생각해 봐. 보기 흉한 잔뿌리들이 나오지 않게 말이야. 자기가 당번일 때 콩나물 기르기를 게을리해서 제대로 안 됐을 때는 나중에 그 돈 쓸 때 그 사람은 빼놓는다. 알았지?"

"우우."

"에이, 너무해요. 선생님."

아이들은 선생님의 말에 불만 섞인 야유를 보내면서도 한껏 들떠 있었다. 모두들 물만 주면 자라는 콩나물 기르기가 뭐가 어렵겠느냐는 투였다.

"그러니까 한 사람도 빠지지 말고 6학년을 뜻깊게 마무리 할 수 있도록 잘해 보자."

상두는 '잘해 보자.'에 힘을 주며 아이들을 둘러보는 선생님이 미더웠다. 어떻게 저런 생각을 했을까?

"처음 콩을 사는 돈은 선생님이 낼게. 그 다음부턴 콩나물을 팔아 콩을 사고. 오늘 집에 가면 다들 집에 콩나물 콩 농사지은 게 있는지 부모님께 여쭤 보도록 해. 이왕이면 콩도 너희들 집에서 기른 걸 사는 게 좋겠지? 자, 그럼 콩나물을 팔아 번 돈은 누가 관리할까?"

선생님이 아이들을 죽 둘러보았다. 아이들도 선생님을 따라 고개를 돌렸다.

"반장이 해요."

"반장은 할 일이 많으니까 부반장 시켜요."

"선생님, 꼼꼼한 새미 시키면 어떨까요?"

아이들이 웅성대며 한 마디씩 떠들어 댔다.

"새미? 그래 새미야. 어때? 우리 반을 위해서 수고 좀 해 주겠니?"

선생님 말에는 거역할 수 없는 힘이 들어 있나 보다. 새미가 선선히 승낙하자 아이들이 짝짝 박수를 쳤다. 콩나물 기르기가 일사천리로 통과된 것이다.

상두는 선생님이 좋았다. 작년에 1학년 담임을 맡았던 선생님은 올해 6학년을 맡았어도 아이들을 1학년 대하듯 인내심을 가지고 자상하게 이끌어 주었다. 활기찬 걸음걸이, 동료 선생님들과 이야기하면서 웃는 걸걸한 웃음소리, 아이들을 바라보는 사랑이 듬뿍 담긴 눈빛. 선생님은 말썽을 부렸다고 무작정 혼내지 않았고, 항상 아이들의 입장에서 생각해 주었다. 그래서 상두는 말썽을 부리다 들켜서 혼나도 억울하지 않았다. 선생님은 때론 친구 같기도 하고, 엄마 같기도 했다.

"야, 너 뭐냐고?"

희주가 책상을 탕 쳤다. 상두가 별 반응을 안 보이니 점점 화가 치민 것 같았다.

"응? 아, 콩나물!"

"아, 콩나물?"

"미안, 미안. 진짜, 콩나물 어떻게 됐냐?"

상두는 허둥지둥 자리에서 일어났다. 그러고 보니 아침부터 지금까지 콩나물을 까맣게 잊고 있었다. 한두 번 깜박 까먹은 적은 있었지만 어제오늘 전혀 신경을 쓰지 못했다. 시원한 물을 주려면 수돗가에서 새 물을 자주 길어 와야 한다. 희주 혼자 양동이를 들고 물을 길러 다녔을 걸 생각하니 무척 미안했다.

"됐거든. 지금 가서 뭐하게?"

희주가 눈에 잔뜩 힘을 주었다. 상두는 얼른 교실 뒤쪽으로 갔다. 교실 구석에는 콩나물시루 세 개가 나란히 놓여 있었다. 상두는 콩나물시루의 검은 천을 차례로 벗기고 들여다보았다.

"헉!"

상두가 짧은 외마디소리를 냈다. 천을 벗기기 전까지만 해도 상두는 희주가 어련히 물을 잘 주었으랴 싶었다. 오늘쯤이면 콩나물이 먹을 만해져서 급식실로 갈 것들이었다. 그러나 눈앞에 있는 콩나물은 가느다란 몸통에 잔뿌리가 수없이 났고, 군데군데 썩어 있었다.

"어때? 뭐 느끼는 거 없어?"

멍하니 콩나물을 들여다보고 있는 상두의 귀에 콩나물처럼 비

틀린 희주의 목소리가 들렸다. 상두가 고개를 돌렸다.

"왜? 내 탓이라고?"

팔짱을 끼고 쏘아보던 희주가 입술을 실그러뜨렸다.

"아니, 그게 아니라…… 내가 신경을 못 쓴 건 사실이지만 너까지 그러면…… 선생님께 혼날 텐데."

"오, 그러셔? 그럼 혼나지, 뭐."

희주가 씹듯이 한마디 내뱉고는 쌩하니 가 버렸다. 상두는 얼른 눈으로 양동이를 더듬어 찾았다. 양동이는 콩나물시루 바로 옆에 있었지만 물 한 방울 없이 바닥이 드러나 있었다. 그리고 보니 상두는 어제도 콩나물에 거의 신경을 쓰지 못했다. 아침에 겨우 물 한 양동이 받아다 놓은 게 전부였다.

상두는 다시 한 번 콩나물시루를 들여다보았다. 시루 세 개가 하나같이 제대로 된 콩나물이 없었다.

'어쩌지?'

콩나물시루 곁을 떠나지 못하던 상두가 양동이를 들고 나갔다. 등이 따가웠다.

"상두야, 같이 가."

총총 걸음으로 복도를 나서는데 영보가 따라왔다. 앞에서 오던 예린이와 새미가 뜨악한 표정을 짓고는 말없이 지나쳤다.

"쟤네들, 왜 저러냐?"

영보가 상두를 툭 치며 물었다. 사실 영보도 여자애들의 뜨악한 표정이 무엇을 뜻하는지 알고 있을 터였다.

"여자애들이 희주한테 물 주지 말라고 했을지도 몰라. 쳇, 네가 뭐 만날 그랬냐? 잘 기를 때가 더 많았지."

영보 말대로 여자애들끼리는 이번 일에 대해 한차례 얘기가 오갔을 것이 분명했다. 상두네 반의 여덟 명뿐이 안 되는 여자애들은 평소에도 잘 뭉쳤다.

상두는 영보의 볼멘소리에 대꾸하지 않았다. 자기를 위로하려는 영보가 고마울 따름이었다.

수돗가에서 시원한 물을 양동이 가득 떠 왔다. 함지에 들어 있는 뜨뜻미지근한 물을 버리고 시원한 물을 콩나물에 골고루 뿌렸다.

'콩나물아. 물 많이 먹고 제발 종례 시간까지 통통해져라!'

종례 시간, 상두의 가슴이 콩닥콩닥 뛰었다.

'선생님이 콩나물 살펴보는 걸 잊어버리면 얼마나 좋을까. 그

러면 콩나물을 사서 바꿔치기라도 할 텐데…….'

쓸데없는 생각이 머릿속에 뭉게뭉게 일었다.

드디어 콩나물시루의 검은 천을 열어 본 선생님이 교탁 앞으로 왔다. 꽉 다문 입술이 쌜룩거렸다. 입을 벌리면 폭탄이라도 터질 것 같았다. 선생님은 입을 꾹 다물고 아이들을 둘러보았다. 아이들이 어리둥절한 얼굴로 숨을 죽였다. 평소 인자하던 얼굴은 간데 없고 성난 사자 한 마리가 서 있었다.

"김상두!"

우렁우렁한 목소리가 고요한 교실의 공기를 갈랐다. 상두는 움찔 몸을 떨며 반사적으로 고개를 들었다. 머릿속에서 팽팽하게 당겨진 활이 툭 끊어지는 소리가 났다.

"네."

고개를 떨어뜨리며 상두가 기어들어 가는 목소리로 대답했다. 아이들의 눈길이 상두에게 모아졌다.

"김상두! 콩나물은 물만 주면 자라지?"

"……."

"왜 대답이 없어? 물만 주면 자라지?"

"네."

"물만 주면 자라는 콩나물에 물도 못 주었다면 상두는 최소한의 의무도 다하지 않았다는 거네."

"……."

상두의 가슴에 바늘 하나가 돌아다녔다. 바늘은 선생님이 한 마디 한 마디 할 때마다 상두의 가슴을 콕콕 찔러 댔다.

"너희들 말이야. 김상두 말고도 농땡이 치는 녀석들 또 있어. 선생님이 모르는 것 같지? 자기가 안 하면 다른

친구가 하려니 하는 농땡이꾼들. 어려서부터 자기가 맡은 책임을 다하지 못하면 커서 뭐가 되겠니? 너희가 만날 부모님 밑에서 보호받으며 사는 어린애일 것 같아? 내년이면 이제 중학생이야, 중학생!"

 선생님의 훈계가 이어졌다. 교실 안은 먼지가 떠다니는 소리도 들릴 것 같았다.

 상두는 뒤에서 자기를 원망하고 있을 아이들 생각에 땀이 삐질삐질 났다. 자기 하나 때문에 싸잡아 혼나는 친구들에게 면목이 없었다.

 "상두는 다음 주까지 혼자서 콩나물 당번을 계속한다. 그동안 희주 혼자 애썼으니까 그래야 공평하겠지, 김상두?"

선생님이 다시 상두를 콕 집어 따져 물었다.

"네."

상두는 선생님의 훈계가 어서 끝나기를 바랐다. 선생님을 실망하게 해 드려 죄송하기도 했지만, 반 친구들에게 원망을 듣는 게 더 겁이 났다.

종례가 끝나고 선생님이 교실을 나갔다. 상두는 소리 안 나게 멀찌감치 선생님 뒤를 따랐다. 1층으로 내려간 선생님이 교무실로 들어가는 걸 확인하고는 급식실 옆에 있는 영양사 선생님 방으로 뛰었다.

"저기, 저, 선생님!"

"어? 상두 왔구나."

영양사 선생님이 생글거리며 상두를 쳐다보았다. 금요일 오후나 토요일에 상두네 반 아이들이 영양사 선생님 방에 가는 이유가 콩나물 때문이라는 것은 누구나 다 아는 사실이었다.

"근데요, 선생님. 콩나물이 상태가 안 좋아요."

상두가 멈칫거리며 영양사 선생님 얼굴을 살폈다.

"어떻게 안 좋은데?"

영양사 선생님이 가볍게 물었다. 목소리가 통통 튀며 굴러갈 것 같았다.

"몸통이 가늘고 잔뿌리가 많이 났어요. 그리고…… 조금 썩었어요."

"호, 그래? 상두가 콩나물을 제대로 안 길렀구나? 그런 콩나물이라면 살 수 없는걸."

"네?"

상두가 침을 꼴깍 삼켰다.

"돈 주고 사는 건데, 당연히 좋은 물건을 사야 하지 않겠니?"

"네."

"한번 가져와 볼래?"

선생님이 상두를 지긋이 바라보며 빙글빙글 웃었다. 상두는 두말 않고 교실로 뛰어가 콩나물시루 하나를 들고 영양사 선생님한테 갔다.

'선생님은 마음이 좋으신 분이니까 어쩌면 콩나물을 사 주실지도 몰라.'

상두는 조마조마한 마음으로 시루의 검은 천을 벗겼다.

"어유, 이런 콩나물을 어떻게 먹니? 너 같으면 질겨서 먹겠니?"

선생님이 콩나물 한 움큼을 뽑아 들고 이맛살을 찌푸렸다.

"어떻게 해요?"

상두가 기어들어 가는 목소리로 선생님 눈치를 살폈다.

"글쎄다. 상두가 콩나물을 다 다듬어 놓으면 모를까?"

"네?"

상두가 눈을 크게 뜨고 선생님을 쳐다보았다. 선생님은 콩나물만 들여다보며 놀라는 상두를 짐짓 모른 체했다.

"이 많은 걸요?"

"싫음 할 수 없고. 집에 가지고 가서 국 끓여 먹든지."

"아, 알았어요. 선생님. 어떻게 하면 돼요?"

상두는 얼른 콩나물시루에서 선생님처럼 콩나물을 한 움큼 뽑아 들었다.

"녀석! 엄마한테 혼나기는 싫은가 보구나?"

선생님이 짓궂은 웃음을 던졌다. 상두는 그런 선생님이 고마웠다. 다음 주에는 정말 콩나물을 잘 길러야겠다는 생각이 저절로 들었다.

영보와 순권이가 영양사 선생님 방으로 나머지 콩나물시루를 옮겨 왔다. 토라져서 말도 하지 않을 것 같았던 희주도 뒤따라왔다. 영양사 선생님도 퇴근하지 않고 콩나물 다듬는 걸 도와주었다. 여럿이 힘을 합하니까 금세 콩나물이 깨끗하게 다듬어졌다. 대신 양은 확 줄었다.

"김상두! 오늘 콩나물 값은 평소의 반만 쳐준다. 괜찮지?"

"네!"

상두가 영양사 선생님께 힘차게 경례를 했다. 그러자 선생님도 얼떨결에 이마에 손을 올려붙였다. 흰 가운 자락이 선생님 팔을 따라 올라가며 깃발처럼 펄럭였다.

"고맙습니다, 선생님."

희주가 허리를 굽혀 깍듯이 인사를 했다. 잘못은 상두가 했는데 희주가 더 책임감을 느끼는 것 같았다.

집으로 돌아가는 길에 상두는 엄마가 생각났다. 기분이 다시 우울해졌다.

'선생님이 나에 대해 뭐라고 얘기했을까? 준서 엄마한테 싫은 소리 듣고 기분이 무척 상하셨겠지?'

털레털레 걸어서 집에 왔다. 인형 놀이를 하던 연두가 상두를 반갑게 맞았다.

"오빠!"

"다녀왔습니다."

상두는 연두에게 빙긋 웃어 주고는 부엌을 향해 힘없는 목소리로 인사했다. 아빠는 안 보이고 엄마 혼자 저녁을 준비하고 있었다.

"응, 그래. 오늘은 좀 늦었네."

엄마가 밝은 얼굴로 뒤를 돌아보았다. 학교에 갔다 왔으니 분명히 기분 나쁜 소리를 들었을 텐데 이상했다.

"엄마, 오늘 학교 갔었지?"

"그럼."

"준서 엄마가 뭐래? 선생님은?"

상두가 코를 벌름대며 재우쳐 물었다. 분명 한 소리 들었을 텐데 아무렇지도 않은 엄마가 오히려 불안했다.

"숨넘어가네, 숨넘어가. 근데 왜 이렇게 힘이 없어?"

"응? 아니, 그냥. 배고파서."

상두는 엄마 표정을 살폈다. 잔소리가 입에 붙은 엄마가 오히려 오늘 같은 날 평소보다 더 상냥한 게 의심쩍었다.

"뭐라 하긴. 선생님이야 워낙 인품이 훌륭하신 분이니 말썽쟁이 녀석을 감싸 주시기 바쁘고, 준서 엄마야 자식 사랑이 유달리

많은 엄마니 그러려니 하면 되는 거지."

"정말?"

"정말이지, 그럼."

'아싸!'

상두는 우울했던 기분이 싹 가셨다. 금세 비가 쏟아질 것처럼 먹구름이 잔뜩 꼈던 하늘에 쨍 하고 해가 난 것 같았다.

"연두야, 오빠가 뱅뱅이 돌려 줄까?"

"정말?"

상두가 허리를 굽혀 연두의 겨드랑이에 팔을 둘렀다.

"정말이지, 그럼."

엄마 흉내를 내는 상두를 연두가 눈을 동그랗게 뜨고 쳐다보았다. 상두는 연두를 안아서 신나게 뱅뱅이를 돌려 줬다.

책임감을 길러 주는 실천 Tip 1

작은 생명을 길러 보세요

화분이나 금붕어, 거북 등 생명을 하나 길러 보세요. 식물을 기르기 위해서는 규칙적으로 물을 주고 돌봐야 합니다. 식물은 사랑을 주는 만큼 무럭무럭 자라고, 잠시만 게을리 해도 금세 시들거나 생명을 잃게 되지요. 금붕어나 거북 등도 마찬가지예요. 작지만 소중한 생명을 기르다 보면 책임감이 길러지지요.

콩나물 키우기

준비물 : 검은콩, 플라스틱 병, 송곳, 솜이나 얇은 천, 검은 천이나 봉지

1. 검은콩을 물에 1~2일간 불린다.
2. 플라스틱 병에 구멍을 뽕뽕 뚫어 준 뒤, 솜이나 얇은 천을 깔고, 그 위에 불린 콩을 올린다.
3. 물을 뿌려 주고, 3시간 간격마다 물을 준다.
4. 검은 봉지로 덮어 주고, 어두운 곳에다가 콩나물을 둔다.
   (검은 봉지나 검은 천을 씌어야 콩이 녹색이 되는 걸 막을 수 있다.)
5. 5~6일 정도 되면 다 자란 콩나물을 볼 수 있다.

★ step 2
자신과의 약속 지키기

아주 사소한 것이라도 내가 하기로 약속한 것은 꼭 지켜야 해요.
약속을 지키려는 마음에서 책임감이 길러지지요.
또 약속을 저버렸을 때 일어날 일들에 대해 생각해 보는 데서
논리적인 사고와 판단력도 길러져요.

맡은 일을 완성하는 힘_**책임감**

요리 실습

"김상두, 오늘이 요리 실습 날이라는 건 알고 있었니?"
"아뇨, 깜박했어요. 학교에 와서 알았어요."

서늘한 아침 공기가 상쾌했다. 다른 날보다 일찍 집을 나선 상두는 학교를 향해 달렸다. 어제 감기 때문에 집에서 쉬었더니 좀이 쑤셨다. 하루가 어떻게 가는지 모르게 친구들과 치고받고 뛰어놀아야 하는데 종일 방에서 뒹굴었으니 그럴 만도 했다. 하지만 몸은 아직 으슬으슬했다.

상두는 자리에 책가방을 놓고 교실 뒤쪽으로 갔다. 콩나물이 잘 자라고 있는지 보기 위해서였다. 당번은 아니지만 지난번 일 이후로 늘 콩나물에 마음이 쓰였다.

시루의 검은 천을 벗겨 보았다. 노란 대가리를 쏙 내밀고 가지

런히 자라고 있는 콩나물이 무척 예뻤다. 양동이에 담긴 물을 퍼서 콩나물에 골고루 뿌려 주었다. 밤새 메말랐던 콩나물이 물기를 머금고 반짝거렸다.

"어? 오늘이 요리 실습 날이네."

자리로 돌아오던 상두는 칠판을 쳐다보다 깜짝 놀랐다. 칠판 한쪽에는 상두가 속한 1모둠 옆에 '바게트 샌드위치'라고 쓰여 있었다. 그제야 지난번에 정한 요리가 바게트 샌드위치란 게 생각났다.

"재료는 다른 애들이 준비했나?"

지난번에는 뭘 요리할지만 정했고, 누가 무슨 재료를 준비할지는 나중에 정하기로 했었다.

빈 교실에 혼자 앉아 있자니 아침에 아빠가 걱정스런 얼굴로 이마를 짚어 보며 했던 말이 떠올랐다.

"쯧쯧. 여름 감기는 개도 안 걸린다는데."

"아빠, 그럼 나는 개만도 못하네."

벌겋게 열이 오른 얼굴로 시시덕대는 상두를 아빠가 숨이 막히도록 끌어안았다.

"이 녀석이 아직 덜 아프군, 덜 아파. 여보, 상두 아직 열이 덜 내렸는데 오늘 하루 더 쉬게 하지."

아빠가 엄마를 불렀다.

"왜요? 아직 열 안 내렸어?"

엄마가 앞치마에 물기 묻은 손을 닦으며 다가와 차가운 손을 상두 이마에 얹었다.

"에이, 이 정도는 괜찮아. 하루 쉬었으면 됐지. 당신은 걱정도 팔자야."

무슨 일이 있든 학교는 반드시 빠지지 않고 가야 한다는 게 엄마의 원칙이었다.

"그래도 하루 더 쉬게 하지. 감기는 푹 쉬는 게 약이라잖아."

"자꾸 학교 빠져 버릇하면 못 써요. 사소한 일만 생겨도 학교 안 가려고 하면 어쩌게."

상두는 엄마 말이 생각나 피식 웃었다. 학교 가지 말라고 붙잡아도 상두가 왔을 판인데, 엄마는 별 걱정을 다 했다.

복도가 떠들썩하더니 준서랑 경훈이가 들어오고 몇몇 아이들이 뒤따라왔다.

"아, 안녕!"

준서가 상두를 보고는 우물쭈물 인사를 했다.

"안녕!"

상두는 반갑게 인사했다. 준서랑은 그다지 친하지도 않는데, 어제 하루 못 보았다고 그새 반가웠다. 그런데 준서는 상두의 눈길을 슬며시 피하며 돌아섰다.

'자식, 좀스럽기는.'

상두는 언짢았지만 겉으로 내색하지 않았다. 싸울 땐 싸우더라도 아이들도 얼마 안 되는 반에서 잘 지내고 싶었다.

조금 있으니 아이들이 두셋씩 무리를 지어 들어오기 시작했다.

손에는 요리 실습할 도구와 재료들이 들려 있었다. 예린이는 스텐 양푼을, 희주는 조그만 플라스틱 도마와 칼을 들고 왔다.

"반장, 오늘 둘째 시간까지만 하고 요리 실습하는 거 맞지?"

순권이가 들어오자 상두는 재빨리 순권이 자리로 갔다.

"응. 너 바게트 빵 가져왔지?"

"뭐?"

"바게트 빵 말이야. 우리 모둠에서 빵은 네가 맡았잖아."

"무슨 소리야?"

상두가 눈을 휘둥그레 떴다. 희주와 예린이, 영보가 모여들었다.

"야, 너 못 들었어? 네가 빵 가져오기로 했는데."

"큰일 났다. 빵 없으면 이 재료들이 다 무슨 소용이야?"

희주와 예린이가 발을 동동댔다.

"어제 상두한테 전해 주기로 한 사람이 누구였지?"

"준서잖아!"

순권이가 묻자 영보가 준서를 돌아보았다.

"으응…… 어제 전화했는데, 네 동생이…… 받았어. 안 전해 줬냐?"

준서가 얼굴을 붉히며 더듬거렸다.

"연두가?"

상두가 눈을 끔벅였다. 어제 상두는 열이 나고 아파서 종일 자다 깨다 했다. 아마 연두가 전화를 받았다가 상두에게 전하는 걸 깜빡했나 보다. 연두는 이제 1학년이었다.

"야, 빨리 어떻게 해 봐!"

"샌드위치에 빵이 없다는 게 말이 되냐?"

"엄마한테 전화해. 지금 사 오라고."

예린이가 자기 휴대 전화를 내밀며 재촉했다. 상두는 휴대 전화를 받아 아빠 번호를 눌렀다. 하지만 아빠는 전화를 받지 않았다. 집 전화를 눌렀지만 집에서도 안 받았다. 아빠가 바다에서 돌아왔으면 지금쯤 엄마랑 감나무골 밭에 갔는지도 모른다. 거기는 깊은 골짜기라서 휴대 전화가 잘 터지지 않았다.

상두는 예린이에게 휴대 전화를 돌려줬다. 예린이가 손사래를 치며 말했다.

"네가 가지고 있다가 틈나는 대로 전화해 봐."

"야, 이러다 우리 모둠 몽땅 점심 굶는 거 아니야?"

"바게트 샌드위치 되게 맛있다던데."

"그렇담 상두네 집으로 가는 거지, 뭐."

아이들이 농담 삼아 한마디씩 떠들어 댔다. 상두도 아직 시간이 있으니 빵을 구할 수 있으려니 싶었다. 그러나 요리 실습 시간이 다 되도록 상두는 엄마 아빠와 통화가 되지 않았다. 이제 통화가 된다 해도 빵을 구하기는 힘들었다. 조그만 면 소재지에 있는 학교 가까이에는 빵집이 없어서 읍내에 가서 사 와야 하는데, 읍내까지는 차로 이십 분이 넘게 걸렸다.

"1모둠엔 빵이 없다고?"

선생님이 상두네 모둠을 향해 큰 소리로 물었다.

"저는 전달을 못 받아서……."

상두가 준서를 마뜩잖은 얼굴로 돌아보았다.

"저는 분명히 전화했어요. 상두 동생이 받았는데 안 전해 줬나 봐요."

준서가 화난 목소리로 말했다. 상두는 고개를 숙이고 교실 바닥만 뚫어져라 보았다. 얼굴이 달아오르는 게 다시 열이 나나 싶을 정도였다.

"김상두, 오늘이 요리 실습 날이라는 건 알고 있었니?"

"아뇨, 깜박했어요. 학교에 와서 알았어요."

"어제 쉬긴 했지만 그래도 기억하고 있었어야지. 연락이 없으면 네가 먼저 같은 모둠 친구에게 전화해서 물었어야 해. 작은 일이라고 할지라도 자기가 맡은 책임을 다해야 다른 친구들에게 피해가 없는 거야."

상두는 얼굴을 들 수 없었다. 얼마 전 콩나물 사건도 그렇고, 계속 선생님께 실망만 안겨 드리는 꼴이 되었으니 말이다.

"너희는 6학년이야. 저학년 아이들처럼 누군가가 알아서 챙겨 주기를 바라면 안 돼."

"죄송합니다."

"그래, 이왕 이렇게 된 거 어쩔 수 없다. 이건 1모둠 운명이야. 점심 굶을 운명. 그렇다고 1모둠도 가만있을 수는 없으니까 가져온 재료로 실습을 해. 빵 없이 샌드위치 만들어 보는 것도 다 경험이다. 옆 모둠들은 1모둠 친구들과 조금씩 나눠 먹고. 알았니?"

선생님이 교실을 나갔다. 희주가 대뜸 떨떠름한 표정을 지었다.

"빵 없이 어떻게 샌드위치를 만들라는 거야."

"그게 뭐, 선생님 잘못인가. 애들이 왜 이렇게 책임감이 없어?"

예린이가 쫑알거렸다. 상두는 등에 식은땀이 흘렀다.

세 모둠으로 나눠 붙인 책상 위에 아이들이 재료를 꺼내 놓았다. 순권이는 치즈, 준서는 슬라이스 햄, 영보는 양상추와 오이 피클을 올려놓았다. 희주와 예린이는 마요네즈와 머스터드 소스, 꿀을 책상에 탁 소리 나게 놓고는 양푼과 도마, 칼들은 꺼낼 생각을 안 했다.

옆 모둠들은 치즈떡볶이와 볶음밥을 만들었다. 준비해 온 재료들을 늘어놓고 서로 네가 하니 내가 하니 말다툼에, 웃음소리에 잔칫집처럼 떠들썩했다. 상두네 모둠만 누구도 먼저 말을 꺼내지 않은 채 맥을 놓고 앉아 있었다.

"우리도 어서 하자. 선생님 오시기 전에."

순권이가 치즈를 만지작대며 침묵을 깼다.

"하긴 뭘 하냐? 각자 가지고 온 거 먹으면 되지."

준서가 햄 포장지를 뜯었다. 한쪽 입술을 실그러뜨리는 모습이 상두가 고소해 죽겠다는 표정이다.

'어유, 아까는 주눅 들어 있더니 기가 펄펄 살았네.'

상두는 그런 준서의 모습이 싫었다. 공부 좀 잘하고 도시에서 왔다고, 가난하거나 공부 못하는 애들하고는 잘 놀지도 않고 무시했다. 게다가 아빠가 학교 운영위원장이라고 으스대는 꼴이라니!

"각자 가지고 온 거 먹으면 나는 양상추만 먹냐? 상두는 손가락 빨고?"

영보가 준서에게 쏘아붙였다.

"양상추만 먹기 뭣하면 희주한테 마요네즈 좀 달라 그러든가."

"이게 그냥?"

영보가 주먹을 불끈 쥐고 일어섰다. 상두가 얼른 영보 옷자락을 잡아당겼다.

"야! 너희들 진짜? 준서 너도 얼마간 책임이 있어. 상두 동생이 전화를 받았으면 나중에 다시 전화해서 상두나 어른들한테 전해야지. 어린애한테 전하면 그만이니?"

입을 꽉 다물고 팔짱을 낀 채 책상만 내려다보던 예린이가 고개를 발딱 들며 말했다. 준서가 움찔 놀라 말을 더듬었다.

"아, 아니, 나는 상두 동생한테 말하면 되는 줄 알았지. 이런 일이 있을 줄…… 알았나."

준서가 시무룩한 얼굴로 말꼬리를 흐렸.

상두는 예린이가 고마웠다. 사실은 야무지고, 예쁜 예린이를 상두도 속으로 좋아했다. 준서와 먼저 사귄 뒤여서 가까이 가지 못할 뿐이었다.

희주가 슬그머니 양푼을 꺼내 놓았다. 예린이도 칼과 도마를 책상 위에 올려놓았다.

"오늘 칼잡이는 이 최순권이올시다. 여러분, 칼잡이 화나게 하지 마시라요. 무섭습네다."

순권이가 칼을 들고 허공을 휙휙 갈랐다. 희주와 예린이가 '꺅' 소리를 지르며 몸을 뒤로 젖혔다.

"하하하하!"

옆 모둠 아이들이 돌아보고 웃었다. 잔칫집들엔 화목한 분위기가 넘쳐흘렀다.

햄을 썰고 치즈를 조각내고, 양상추를 잘라 마요네즈를 묻히고 나니 할 일이 없었다. 상두네 모둠은 또 멍하니 잔칫집 구경에 넋을 놓았다.

"얘들아, 얘들아. 이거 봐라!"

밖에 나갔던 선생님이 까만 비닐봉지를 호들갑스럽게 흔들며 들어왔다.

"드디어 빵을 구해 왔다 이거야. 자!"

선생님이 비닐봉지를 거꾸로 들어 책상 위에 쏟았다. 가게에서 파는 크림빵들이 와르르 쏟아졌다. 아이들이 놀란 눈으로 선생님을 쳐다보았다.

"이게 뭐예요?"

준서가 빵을 이리저리 헤집었다.

"바게트 빵은 관두고라도 식빵 정도는 돼야죠."

"어쭈! 요 녀석 봐라. 에이, 그럼 도로 가져갈란다."

선생님이 빵들을 한데 모아 비닐봉지에 넣는 시늉을 했다.

"아, 아니에요. 선생님."

아이들이 재빨리 선생님을 붙잡았다.

"내가 빵 찾는다고 교무실이니 급식실이니 다 뒤져서 겨우 구해온 건데 말이야."

영보가 선생님 팔을 꽉 잡고는 꾸벅 절을 했다.

"선생님, 고맙습니다."

"그럼, 그럼. 그래야지."

선생님이 영보 머리를 쓰다듬었다. 그러자 영보가 숙인 머리로 선생님 가슴팍을 떠다밀었다.

"아이고, 이 녀석이 선생님 잡네."

선생님의 엄살에 모두들 배를 잡고 웃었다.

"꼭 바게트 빵이 아니라도 여기에 속을 채워 만들어 봐. 아마

빵에 든 크림과 어우러져 더 맛있을 거다."

선생님이 상두 등을 툭 치고는 옆 모둠으로 갔다. 상두는 그게 기운을 내라는 표시임을 알 수 있었다.

옆 모둠들의 요리가 완성됐다. 상두네 모둠의 '구멍가게 샌드위치' 도 완성됐다. '구멍가게 샌드위치' 는 희주가 붙인 이름이었다. 예린이는 '크림빵 샌드위치' 라고 우겼지만 말괄량이 희주의 등쌀에 양보했다. 상두도 '구멍가게 샌드위치' 가 마음에 들었다.

"자, 이제 시식을 해 볼까나!"

선생님이 아이들을 조용히 시켰다. 떡볶이 모둠의 한 아이가 갑자기 소리쳤다.

"선생님, 저희 거 먼저 드세요."

"기막힌 볶음밥 먼저 드셔 보세요."

볶음밥 모둠도 지지 않고 소리쳤다. 그때 희주가 빵을 하나 잽싸게 집어 들고는 선생님 앞으로 달려갔다.

"선생님의 수고가 아니었으면 태어나지 못했을 구멍가게 샌드위치 대령입니다."

희주가 선생님 앞에 빵을 받쳐 든 두 손을 내밀고 허리를 깊숙이 숙였다.

"오, 그러냐. 짐이 기꺼이 먹어 주마."

선생님이 빵을 두 손으로 받아 들었다. 아이들이 낄낄거리며 냄비며 프라이팬을 두들겨 댔다.

"그래. 모두들 고생했다. 선생님이 배가 터지도록 먹어 줄 테니 모두들 어서 먹자."

선생님 말이 떨어지기가 무섭게 아이들이 음식을 먹기 시작했다. 아직 점심시간도 안 됐는데 모두들 몇 끼 굶은 것처럼 잘도 먹었다. 상두도 빵을 들고 한입 베어 먹었다. 달콤한 크림이 섞인 샌드위치는 무척 맛있었다.

"참, 애들아. 시월 초에 운동회 있는 거 알지? 그때 풍물패가 길놀이를 할 거야. 이번에도 5학년은 아직 배우는 중이니 빼고, 6학년 우리 반이 할 거거든. 다음 주부터 연습에 들어갈 거니까 모두들 마음의 준비 단단히 하고 있어라. 선생님이 지도교사란 건 다들 잘 알고 있겠지?"

상두는 선생님의 눈길이 슬쩍 자기를 스친 것을 놓치지 않았다. 상두네 학교에서 풍물패를 하면 당연히 상두가 상쇠를 맡았

다. 상두는 속으로 '야호!' 하고 외쳤다.

　상두네 학교는 학생들에게 5학년 때부터 풍물을 가르쳤다. 그 중 상두는 꽹과리를 택했다. 아빠가 꽹과리를 잘 쳤기 때문에 상두는 어려서부터 꽹과리에 관심이 많았다. 물론 아빠는 장구도 잘 친다. 집에는 북, 장구, 꽹과리, 징이 다 갖춰져 있다.

　'그래. 상쇠는 오케스트라의 지휘자야. 내 가락과 몸짓으로 굿판을 책임지고 이끌어 가야 해. 잘됐어. 이번에 상쇠 노릇 잘해서 아이들에게 체면 좀 살리자. 선생님의 수고도 덜어 드리고.'

　상두는 책상 아래서 손바닥을 소리 안 나게 마주쳐 삼채 장단을 쳤다. 속으로 하는데도 고개가 저절로 까딱거려졌다.

　째-잰 째-잰 짼-째재잰---

　꽹과리 소리가 귓가에 아련히 들려왔다.

맡은 일을 완성하는 힘_책임감

밝혀진 비밀

벌렁대는 가슴을 두 팔로 싸안자 팔이 마구 떨렸다.
'아냐, 아냐. 내가 잘못 들은 거야. 잠결이라 잘못 들은 거라고.'

"상두야! 이따 일어나서 염소 좀 풀밭에 매 놓고 학교 가라. 아빠랑 엄마는 감나무골 밭에 간다."

잠결에 아빠 목소리가 들렸다. 언제 들어도 부드럽고 다정한 목소리였다. 상두는 잠이 깨기는커녕 자장가처럼 더 곤히 빠져들었다.

"우리 상두가 깊이 잠들었나 보네."

"김상두, 아빠 얘기 들었어? 왜 대답이 없어?"

뒤이어 쨍 하고 울리는 엄마 목소리가 귀청을 때렸다.

"으응, 알았어."

상두는 차렵이불을 뒤집어쓰며 간신히 대답했다. 일요일 아침에 자는 꿀잠을 엄마 아빠가 방해해 짜증이 났다.

"풀 많은 곳에 단단히 매 놓아야 해. 끌러지면 염소 잃어버린다. 그리고 연두 깨워서 같이 밥 먹고 학교 늦지 않게 가. 연습 첫날인데 늦어서 허둥대지 말고."

엄마가 꼭꼭 다짐을 하듯 말을 이었다.

"아, 알았다고!"

"저 녀석이. 그러니까 엊저녁에 좀 일찍 자라니까!"

불퉁거리는 상두의 대답에 엄마가 구시렁대며 나가는 소리가 났다. 일어나서 인사라도 해야겠는데 몸은 마음과 정반대였다. 상두는 듣는 둥 마는 둥 다시 잠 속으로 빠져들었다.

찌르는 듯한 햇살에 부스스 눈을 떴다. 동쪽으로 난 창문으로 햇빛이 쏟아져 들어와 방 안은 먼지가 떠다니는 것까지 다 보였다.

"몇 시지?"

상두는 게슴츠레한 눈으로 벽에 걸린 시계를 보았다. 아직 학교 갈 시간이 되지 않았으면 아무리 환하더라도 더 잘 수 있었다.

"헉!"

아홉 시 삼십오 분이었다. 학교까지는 걸어서 십오 분 남짓. 상두는 자리를 박차고 일어났다. 마루로 나오니 연두가 텔레비전을 보고 있었다.

"오빠 좀 깨우지!"

상두는 애꿎은 연두에게 불퉁거리며 눈곱을 떼고 옷을 걸쳤다. 연두가 오빠 얼굴을 말끄러미 쳐다보았다.

"밥 먹었어? 안 먹었으면 찾아 먹어. 오빠 학교 갔다 올게."

연두의 대답을 기다릴 새도 없이 현관문을 젖히고 뛰어나왔다. 그러나 얼마 안 가 우뚝 걸음을 멈추었다.

"아차!"

집 앞 비탈길을 뛰어내려 오는데 염소가 생각났다. 상두는 집으로 다시 달려가 염소장에 들어갔다. 어미 염소 목에 줄을 매어 끌자 안 나오려고 뻗댔다.

"야, 나 늦었단 말이야. 너 왜 그래?"

상두는 염소에게 발칵 화를 냈다. 염소도 상두의 조급한 마음을 알고 깔보는 모양이었다.

어미 염소와 씨름하며 간신히 끌고 나오니 새끼 염소가 '매애 매애' 하며 따라왔다.

집에서 조금 떨어진 개울둑에 염소를 매 놓았다. 목에 밧줄이 단단히 감긴 걸 확인하고 학교로 뛰었다. 새끼 염소는 어미만 따라다니니까 안 매 놓아도 된다.

'늦었다.'

상두는 온 힘을 다해 달렸다. 풍물 연습 첫날에 상쇠가 늦다니!

젖 먹던 힘까지 다 내서 학교를 향해 달렸다.

덩덩 쿵따쿵 쿵따쿵따 쿵따쿵--

쿵따쿵 쿵따쿵 쿵따쿵따 쿵따쿵--

예상대로 풍물 연습이 벌써 시작되어 있었다. 선생님이 장구 파트를 연습시키는지 장구 장단이 흥겹게 들려왔다. 상두는 장단에 맞추어 몸을 흔들거렸다. 우리 가락은 언제 들어도 흥겨웠다.

"야, 이 녀석들아. 너희들 자꾸 폼만 잡을래? 엉?"

선생님의 호령 소리가 우렁우렁 울렸다.

선생님은 눈을 부라리며 잔뜩 엄포를 놓았지만 과장되게 으쓱거리며 뽐내는 몇몇 아이들의 품새에 이내 웃음을 참느라 입술을 씰룩였다.

오랜만에 악기를 다루는 아이들은 재미있어하기도 하고 지겨워하기도 했다. 똑같은 장구를 쳐도 새침데기 예린이는 멋들어진 자세에 신경을 썼고, 말괄량이 희주는 채를 잡는 어깨가 과장되게 올라갔다. 꼼꼼한 새미는 작년보다 장구 실력이 줄었다고 부루퉁했다.

순권이는 평소 리더십 있는 반장답지 않게, 북을 치자 소심해졌다. 이채를 치는데도 팔이 빠지는 것 같다며 엄살을 부렸다.

부쇠인 준서는 꽹과리를 꽤 잘 쳤다. 전에 다니던 학교에서 노배웠다고 했다. 준서가 부쇠를 맡았다고 해서 상쇠보다 실력이 덜한 것은 아니었다. 선생님도 준서가 쇠잡이의 끼가 있다고 칭찬을 아끼지 않았다.

징을 맡은 영보는 풍물 연습을 가장 지겨워했다. 어찌 보면 징은 지겹고 따분한 악기였다. 징채만 들어도 무겁다고 투덜대는 영보를 달래느라 선생님은 진땀을 뺐다.

"징은 리듬을 치는 것이 아니라 리듬의 큰 박을 짚어 주는 거야. 쇠와 가죽이 튀는 소리를 한데 모아 주고 말이야. 그래서 징은 도드라지지 않고 맨 밑에서 감싸고 안아 주는 어머니 같은 역할을 하는 거지. 영보야, 넌 우리 풍물패의 어머니야, 어머니."

"싫어요. 저 어머니 안 하고 아버지 할래요."

영보가 불퉁거렸다. 선생님께 한껏 어리광을 부리고 싶은 모양이었다.

선생님이 영보의 징채를 잡았다.

"영보야, 징이 얼마나 재미있는 악기인지 한번 봐라."

선생님이 어깨를 들썩거리고 고개를 흔들어 대며 징채를 멋들어지게 돌렸다. 그런 다음 무거운 징을 마음대로 휘두르며 지잉-징- 쳐 댔다. 장구나 북, 꽹과리가 끼지 않았는데도 무척 흥겨웠다. 선생님의 손에서 화려하게 돌아가는 징채와 아무렇게나 두드리는 것 같은 가락이 재미있었다.

상두는 그런 선생님이 멋져 보였다. 여름방학 동안 여행을 다녀와 싯누런 구릿빛으로 익은 얼굴에, 남자 못지않게 울리는 크고 구수한 목소리로 장단을 짚어 주는 게 좋았다.

선생님은 악기를 들지 않고 입으로만 짚는데도 어깨가 들썩거리며 흥이 났다. 선생님의 목소리는 선생님 말대로 '폼'만 잡는 아이들의 쇳소리, 가죽 소리보다 훨씬 나았다.

악기별로 연습을 한 뒤 다 같이 맞춰 보았다. 오랜만에 하는 연습인데도 몸에 익은 가락들이 차츰 되살아났다. 팔이 아프다, 어깨가 빠진다며 불평을 늘어놓던 아이들은 어느새 한마음이 되어 어깨를 들썩거렸다.

"아따, 우리 놀이패들. 참말 잘헌다잉!"

선생님의 이마에서 송골송골 맺혔던 땀이 뚝뚝 떨어졌다. 선생님은 지칠 줄 모르고 악기별로 맞춰 보고, 다 함께 맞춰 보는 일을 되풀이하였다. 상두와 아이들의 이마에서도 땀이 투둑, 떨어져 내렸다.

풍물 연습을 마치고 상두는 영보랑 순권이랑 한바탕 공을 찼다. 일요일의 빈 운동장은 축구대장 상두에게 어서 공을 차라고 속삭이는 듯했다. 이 넓은 운동장이 모두 네 거야, 하는 것처럼.

나중에는 경훈이와 준서도 합세했다. 여럿이 공을 차니 더 재미있었다.

"야, 우리 아이스크림 사 먹자."

"그래. 덥다, 더워."

집에 가려고 공을 챙기는데 영보가 앞장서며 친구들을 부추겼다. 순권이는 셔츠 앞자락을 펄럭여 부채질을 했다. 준서와 경훈이도 얼굴이 벌겋게 달아 있었다.

"잠깐만. 나 교실에 좀 갔다 올게."

"왜?"

"어, 뭐 좀 가져올 게 있어서."

상두의 말에 아이들이 영문을 모르겠다는 표정으로 상두를 바라보았다. 상두는 교실을 향해 달음박질쳤다. 누가 이번 주 콩나물 당번인지는 모르지만, 어제 콩을 물에 담그고 갔는지 궁금했다. 콩나물을 기르려면 먼저 콩을 물에 흠뻑 불려야 했다.

교실로 들어간 상두는 고무 함지를 들여다보았다. 콩을 물에 불려 놓긴 했지만 하루가 지난 물은 위에 거품이 둥둥 떠다녔다. 상두는 함지의 물을 따라 내고 새 물을 길어다 부었다.

"콩아, 시원한 물 먹고 이번 주에도 잘 자라라."

상두는 콩한테 인사를 하고 나왔다. 지난번 일로 친구들에게 미안한 마음이 아직 남아 있었다.

헐레벌떡 운동장에 돌아오니 준서와 경훈이는 그새 집에 가 버렸고, 영보와 순권이만 상두를 기다리고 있었다. 셋은 가게에서 아이스바를 사서 하나씩 물고 집으로 향했다.

늦더위가 한창인 초가을 한낮은 햇볕이 따가웠다.

"어유, 더워. 야, 우리 개울에서 좀만 놀다 가자."

나란히 걷던 영보가 상두랑 순권이 앞을 가로막았다. 흙먼지를 뒤집어쓴 영보 얼굴이 땀에 젖어 번들거렸다. 순권이가 선뜻 대답하지 않고 머뭇거렸다.

"요새는 물에 들어갔다 나오면 추워……. 그리고 난 안 돼."

"춥긴 뭐가 춥냐? 잠깐 놀다 가자."

상두가 순권이의 셔츠를 잡아당겼다.

"왜 안 되는데? 네가 빠지면 무슨 재미냐?"

영보도 두 팔을 뻗어 순권이를 막아섰다.

"엄마가 빨리 오라고 했어."

순권이가 주춤주춤 뒷걸음질했다. 금방이라도 내뺄 기세다.

"연습 때문에 늦었다고 하면 되잖아."

상두가 순권이의 한쪽 팔을 붙잡자 영보가 나머지 팔을 붙잡았다. 그러고는 둘이 순권이를 끌고 개울 쪽으로 갔다.

"알았어, 알았어. 그럼 조금만 노는 거다."

순권이가 상두와 영보의 손을 뿌리치며 냅다 개울로 달렸다. 두 사람도 질세라 순권이 뒤를 따랐다.

높은 산 아래 흐르는 골짜기 물은 맑고 차가웠다. 셋은 자신들이 자주 가던 장소로 갔다. 큰 나무들에 가려지고 길가에서 쑥 들어간 외진 곳이었다.

풍덩!

상두가 옷을 입은 채 물속으로 몸을 날렸다. 큰 바위 아래는 바닥이 패여 제법 깊었다. 영보와 순권이도 다이빙 자세를 흉내 내며 물속으로 뛰어들었다.

"앗, 차가워!"

순권이가 몸을 움츠리며 물속을 나가려고 바위로 손을 뻗었다. 송장헤엄을 치던 상두가 얼른 몸을 바로 하고 순권이 쪽으로 물살을 가르며 헤엄쳐 갔다.

"어딜 가려고?"

상두가 물에 젖어 착 달라붙은 순권이의 반바지를 잡아당겼다. 잠수를 하던 영보도 쫓아왔다. 바위를 기어오르려던 순권이는 두 사람한테 잡혀 다시 물속으로 처박혔다.

"으악, 살려 줘!"

순권이가 소리를 질렀다. 셋은 입술이 새파래질 때까지 잠수를 하고 헤엄을 치며 놀았다. 점심때가 훌쩍 지났지만 배가 고픈 줄도 몰랐다.

물기를 짜느라 물이 뚝뚝 흐르는 옷을 벗고 잠깐 맨몸으로 있으니, 따가운 햇볕 아래서도 온몸에 오소소 소름이 돋아났다.

집에 돌아가는 길, 젖은 옷을 입은 채 걸었더니 몸이 으스스했다. 산들바람이 스칠 때마다 살갗이 선득거렸다. 눈앞에 집이 보였다. 상두는 마른 옷으로 갈아입고, 출출한 배를 채울 생각에 후다닥 집 안으로 뛰어들어 갔다.

"상두, 너!"

부엌에서 엄마가 도끼눈을 뜨고 소리를 질렀다. 방으로 들어가려던 상두는 우뚝 걸음을 멈췄다.

"너 이 녀석, 염소를 어떻게 매 놨기에 줄이 끌러져? 어미 염소가 도망갔잖아!"

"어? 염소가 도망갔다고? 잘 매 났는데."

"잘 맸는데 도망을 가? 새끼 염소가 어미 찾고 난리잖아. 우는 소리 안 들려?"

엄마가 마뜩잖은 얼굴로 염소장을 가리켰다. 귀를 기울이니 정말 새끼 염소가 '매애 매애' 울고 있었다.

"근데 엄마, 새끼는 왜 안 따라갔지? 원래 어미가 가는 대로 따라다니잖아."

상두는 도망간 어미 염소도 걱정됐지만, 어미를 안 따라간 새끼 염소가 더 신기했다.

"뭐가 어쩌고 어째? 어유, 내가 못 살아. 연습 끝나면 일찍 와서 연두랑 놀고, 염소도 옮겨 매고 할 것이지. 왜 이제 와?"

"풍물 연습이 늦게 끝났어."

엄마가 소리 지르는 바람에 상두는 자기도 모르게 거짓말이 튀어나왔다.

"아침부터 지금까지 연습했다는 게 말이 돼? 그럼 옷은 왜 젖었는데?"

엄마가 눈을 가느스름하게 떴다. 역시 엄마는 못 속인다.

"너무 더워서 잠깐……."

"잠깐? 참도 잠깐 놀았겠다. 물에 들어가면 종일 나올 줄 모르는 녀석이. 공은 안 찼고?"

"안 찼어."

"어이구, 귀신을 속여라."

상두는 방에 들어가서 옷을 갈아입고 싶었지만 엄마가 제풀에 잔소리를 그만둘 때까지 잠자코 서 있기로 했다. 밖에서 아빠가 들어왔다.

"여보, 그만해. 새끼가 있으니까 내일이라도 내려오겠지. 상두 감기 들겠네."

아빠가 상두를 슬쩍 밀었다. 상두가 제 방으로 미적미적 발걸음을 뗐다.

"어유, 저 천방지축이 언제 철들까 몰라. 뭘 맡기고 나갈 수가 없으니, 원."

혼잣말을 하는 엄마의 목소리가 방에까지 들렸다. 상두는 옷을 갈아입고 침대 위 이불 속으로 들어갔다. 새끼 염소가 아까보다 더 크게 울었다.

'분명히 단단히 매고 확인까지 했는데 왜 끌러졌지?'

하긴 전에도 가끔 끌러지긴 했다. 아빠나 엄마가 매 놓아도 염소가 제 옆에 있는 풀을 다 뜯고는 멀리 있는 풀을 먹으려고 자꾸 줄을 잡아당기니 줄이 느슨해지는 것이다. 그럴 때면 용케 엄마 아빠가 보거나 동네 사람이 알고 금세 다시 매 놓았다. 오늘처럼 잃어버린 일은 없었다.

누워 있으니 잠이 솔솔 왔다. 노느라 점심도 걸렀더니, 배에서 잔뜩 꼬르륵 소리가 났지만 선뜻 일어나지 않았다. 어쨌든 자신이 잘못 매 놔 염소를 잃어버린 것이다. 그것도 아빠가 애지중지하는 염소를. 사실 아빠는 염소뿐만 아니라 모든 동물을 좋아했다. 그래서 상두네 집에서는 온갖 동물들을 키웠다. 염소, 닭, 개, 오리, 토끼, 거위 등등.

부지런한 아빠는 풀을 뜯어다 염소와 토끼에게 주고 가끔 아는 식당에서 음식 찌꺼기를 얻어다 닭, 개, 오리를 먹였다. 농사일에 고기잡이에, 가축 기르기까지 아빠는 잠시도 쉴 틈이 없었다.

"상두야, 저녁 먹어야지."

사르르 잠이 들려는 순간, 아빠가 문을 빼꼼 열고 들어왔다.

"이 녀석, 밥도 안 먹고 자려고? 밥 안 먹으면 도망간 염소가 돌아온다든?"

아빠 목소리는 창문으로 솔솔 불어오는 저녁 바람처럼 다정하고, 부드러웠다. 상두는 아빠를 보고 배시시 웃었다.

"아빠, 내일은 꼭 어미 염소가 돌아오겠지. 그렇지?"

"그럼, 그럼. 새끼가 여기 있는데. 자, 어서 가서 저녁 먹자."

아빠가 상두에게 두 손을 뻗었다. 상두는 아빠 손을 잡고 일부러 힘을 주며 버텼다.

"아이고, 우리 상두가 아빠보다 세네."

아빠가 일부러 힘을 빼고 상두 위에 쓰러지며 겨드랑이를 간질였다. 상두는 아빠에게서 빠져나오려고 몸을 이리저리 비틀었다.

"히히, 아빠. 아빠, 간지러워. 하지 마!"

상두가 발버둥을 치자 아빠가 풀어 주었다. 상두는 잽싸게 아빠 등 뒤로 가서 엉덩이에 똥침을 하고 내뺐다.

"으악!"

아빠가 큰 소리로 엄살을 떨며 상두를 쫓아왔다. 상두는 아빠한테 잡히지 않으려고 밥상을 뱅뱅 돌았다. 밥상 앞에 앉아 있던 연두가 앞니 빠진 잇몸을 드러내며 깔깔댔다. 엄마도 웃었다.

"어이구. 아빠나 아들이나 똑같네, 똑같아."

가스레인지 위에서 압력밥솥 추가 돌돌돌 돌아가다 칙 하고 김을 내뿜었다. 식구들의 웃음소리가 하얀 김과 함께 부엌을 꽉 채웠다.

몇 시쯤 되었을까. 상두는 오줌이 마려워 잠에서 깼다. 저녁을 배부르게 먹은 데다 수박까지 잔뜩 먹은 탓인지 꿈에서도 계속 화장실을 찾았다. 오줌보가 터질 듯했다.

상두는 불도 켜지 않은 채 마루로 나왔다. 대문 바로 앞에 가로등이 있어서 캄캄한 밤에도 마루는 달빛이 쏟아지는 들판처럼 훤했다.

화장실에서 오줌을 누고 나와 다시 방으로 갈 때였다. 안방에서 엄마 아빠가 두런두런 얘기하는 소리가 났다. 모두 잠든 한밤중이라서 말소리가 똑똑히 들렸다.

"당신은 상두를 너무 의식하고 살아. 그냥 보통 아버지들처럼 해요. 무조건 감싸고 잘해 주니까 쟤가 저렇게 버릇이 없고 책임감이 없잖아."

걱정이 잔뜩 묻은 엄마 목소리였다. 상두는 귀를 쫑긋하고 그 자리에 멈춰 섰다.

"아직 어린애잖아. 크면 다 철이 들게 돼 있어. 그리고 당신,

난 상두가 내 아들이 아니라고 생각해 본 적 한 번도 없어. 그런 소리 다시는 하지 말아요."

"휴!"

단호한 아빠의 목소리에 이어 엄마의 한숨 소리가 들려왔다.

'내 아들이 아니라고?'

상두는 눈알을 되록거렸다. 문 쪽으로 귀를 바짝 기울였다.

"당신이 상두를 친아들처럼 아끼고 사랑하는 걸 모르는 건 아니지만……."

엄마가 말했다.

'친아들?'

상두의 다리가 빳빳하게 굳어 왔다. 차가운 개울물에 빠져서 그대로 얼어붙은 것처럼 몸을 움직일 수 없었다.

어떻게 자기 방으로 왔는지도 알 수 없었다. 침대를 오르는데도

다리가 휘청거렸다. 벌렁대는 가슴을 두 팔로 싸안자 팔이 마구 떨렸다.

'아냐, 아냐. 내가 잘못 들은 거야. 잠결이라 잘못 들은 거라고. 그럴 리 없어. 아빠는 우리 친아빠야. 그럴 리 없다고!'

일어나 거울을 보았다. 숱 많은 머리카락과 짙은 눈썹, 작은 눈에 소복한 눈두덩, 틀림없이 아빠를 닮았다. 다른 사람들도 상두를 보면 아빠를 닮았다고 했다.

'봐! 난 아빠 아들이라고. 아빠를 쏙 빼닮았잖아!'

상두는 거울 속의 자기 모습을 자세히 바라보았다. 얇지도 두껍지도 않은 입술과 입매는 엄마를 닮았다. 푹 퍼진 코는 아빠와 엄마를 반씩 닮은 것 같았다.

아빠를 떠올려 보았다. 자신과 동생에게 언제나 다정다감한 아빠! 특히 아들인 상두는 아빠와 뭐든지 잘 통했다. 어디 한 군데 친아빠, 친아들이 아니라고 의심할 구석이 있었던가! 상두는 아무리 머리를 쥐어짜도 알 수가 없었다.

창문을 활짝 열었다. 밤이면 온 하늘을 수놓았던 그 많던 별들이 하나도 보이지 않았다. 한쪽이 이지러진 초승달만 캄캄한 하늘에 떠서 상두를 내려다보고 있었다.

책임감을 길러 주는 **실천 Tip 2**

자신이 할 일은 스스로 하기!

실습 과제나 준비물은 엄마에게 기대지 말고, 스스로 챙기는 습관을 기르세요. 준비물을 스스로 준비하다 보면 다음 수업에 대해 미리 알게 되어, 수업 시간에 자신감이 생기고 학교생활이 자연히 즐거워지지요. 자신의 물건은 자신이 챙겨야 한다는 마음가짐에서 책임감이 길러져요.

준비물 챙기기

1. 선생님이 내 주신 과제나 준비물을 알림장에 잘 적는다.
2. 방과 후 알림장을 보고 과제를 한다.
3. 다음 수업에 필요한 준비물을 확인하고 준비한다.
4. 잠들기 전 내일 책가방을 미리 챙겨 둔다.

★ step 3
잘못 인정하기

자신의 행동에는 항상 책임이 뒤따른다는 사실을 기억하고 있어야 해요.
그리고 자신이 책임을 다하지 못해서 생긴 일에는 잘못을 인정하고, 사과할 줄 알아야 하지요.
자신의 잘못을 인정하고 받아들이는 태도에서 책임의식이 시작된답니다.

맡은 일을 완성하는 힘_**책임감**

엉킨 실타래

상두는 영보 공책을 밀어 내고는 책상에 엎드렸다.
숙제고 뭐고 마음 같아선 당장 교실을 뛰쳐나가고 싶을 뿐이었다.

해가 설핏 기울자 운동장의 더위도 한풀 꺾였다. 연습을 시작한 지도 두어 시간 흐른 것 같았다. 아이들도 지겨워했고 선생님도 지쳐 갔다.

상두는 도무지 신명이 안 났다. 벌써 며칠째, 집에서고 학교에서고 상두는 넋이 반쯤 나간 것 같았다. 엄마 아빠가 한 말이 무슨 뜻일까. 정말 아빠가 친아빠가 아닐까? 내가 아빠의 친아들이 아니라고? 말도 안 돼. 말도 안 돼.

상두의 머릿속은 온통 '친아빠, 친아들'이란 단어들로 가득했다. 단어들이 꼬불꼬불한 벌레가 되어 머릿속을 스멀스멀 기어다니는 것 같았다.

째-잰 째-잰 쨴-째재잰--

덩 덩 덩따궁따--

아이들과 함께 가락을 맞추던 선생님이 꽹과리를 마구잡이로 두드렸다.

쨴쨴쨴쨴쨴쨴째째애애--

악기를 치던 아이들이 동작을 멈추고 선생님을 보았다. 상두는 오늘만 해도 선생님께 여러 번 지적당했다. 상쇠가 딴 생각을 하면 어떻게 하느냐고 몇 번씩 주의를 주던 선생님도 나중에는 지친 듯했다.

"김상두, 요즘 왜 그러지? 실력이 퇴보한 거야? 하기가 싫은 거야?"

선생님의 목소리가 꽹과리 소리보다 더 시끄럽게 귓전을 때렸다. 상두는 가슴 높이로 들었던 꽹과리를 슬그머니 아래로 내렸다.

"상쇠는 풍물놀이의 지휘자야. 상쇠의 가락에 풍물이 뜨고 지는 거 몰라? 김상두, 상쇠 하기 싫어? 부쇠랑 자리 바꿀까? 어때? 의견을 말해 봐. 운동회도 얼마 안 남았는데 어떡할래?"

둥그스름한 얼굴처럼 늘 벙글거리던 선생님이 지금은 한껏 딱

딱한 목소리로 말했다. 상두는 몸이 오싹했다. 서늘한 기운이 등골을 훑고 지나갔다.

상두는 반사적으로 준서를 보았다. 동시에 준서도 상두를 보았다. 두 사람의 눈이 마주쳤다. 상두의 눈이 이글거렸다. 준서가 슬그머니 고개를 돌렸다.

'저 자식이!'

상두는 준서의 뒤통수를 뚫어져라 노려보았다. 가슴이 부글부글 끓었다. 상쇠 역할을 제대로 해내지는 못했지만 그렇다고 준서에게 뺏기는 건 참을 수 없었다.

'쳇, 될 대로 되라지.'

상두는 고개를 바짝 쳐들었다.

"네. 저 상쇠 그만둘게요."

"그래? 그럼 준서가 상쇠하고, 상두 너는 부쇠해. 둘 다 불만 없지?"

"전 상관없어요."

준서가 별 관심 없다는 듯 대답했다. 하지만 왼쪽 입꼬리가 슬쩍 올라가고 있었다.

'재수 없는 자식!'

상두는 당장 그 자리를 박차고 나가고 싶었다. 그러나 지금까지 엄마 아빠 다음으로 자기를 믿고 아껴 준 사람이 선생님인데 그럴 수는 없었다.

'차라리 잘됐어.'

부글부글 끓던 아까와는 달리 마음이 차분해졌다. 이런 기분으로는 어차피 상쇠로서 책임을 다하지 못할 게 뻔했다.

"오늘 연습은 여기서 마친다. 집에 가면 모두들 입장단으로 가락을 완전히 외워 오도록. 이만!"

선생님이 표정을 흐트리지 않고 돌아섰다. 차라리 잘됐다고 생각은 했지만 허우룩한 기분을 지울 수는 없었다.

옷자락을 잡아끄는 영보를 뿌리치고 상두는 내키지 않는 발걸음이지만 집으로 향했다. 머릿속은 온통 아빠에 대한 생각으로 가득했다.

터덜터덜 발걸음을 옮길 때마다 시멘트 길에 신발이 직직 끌렸다. 고개를 숙이고 땅만 보고 가니 길이 군데군데 패어 있는 게 보였다. 전에는 못 봤는데 불룩하니 때운 곳도 여러 군데였다. 신발이 다 닳을 때까지 집에 닿지 않기를 바랐다. 그러나 끝내 집은 상두 코앞에 나타났다.

상두는 집으로 올라가는 언덕 아래에 서서 지붕 꼭대기를 쳐다보았다. 상두의 오랜 기억 속에는 늘 저 집이 있었다. 눈을 감았다. 잊히지 않는 기억 하나가 아련히 떠올랐다.

네 살인가, 다섯 살 적 일이다.

상두는 감나무 아래서 풋감을 줍고 있었다. 마당 한쪽에 서 있는 늙은 먹감나무는 너무 늙어선지 풋감이 익기도 전에 투두둑 떨어졌다. 상두는 아빠와 함께 풋감 줍는 게 재미있었다. 조그만 손으로 풋감을 주워 수돗가에 있는 아빠한테 가지고 가면, 아빠는 두 손으로 받아 깨끗이 씻어 항아리에 담았다. 지금 생각하면 감식초를 만들었던 것 같다.

아빠가 상두를 덥석 끌어안고 무릎에 앉혔다.

"우리 아들이 벌써 커서 아빠를 도와주네. 에이, 아들 덕에 아빠 좀 쉬어야겠다."

아빠는 상두를 번쩍 안아 목말을 태우고 마당을 한 바퀴 돌았다. 상두가 아빠 어깨 위에서 두 발을 흔들어 대며 소리쳤다.

"아빠, 뱅뱅 돌아 봐. 뱅뱅뱅뱅, 더 빨리 뱅뱅!"

"그래. 뱅뱅 돈다. 아빠 이마 꽉 잡아."

상두가 아빠 이마를 힘주어 잡자 아빠는 상두의 두 발을 꽉 잡고는 마당을 돌기 시작했다.

아버지는 나귀 타고 장에 가시고
할머니는 건넛마을 아저씨 댁에
고추 먹고 맴맴 달래 먹고 맴맴

아빠가 노래를 불렀고, 상두는 눈을 꼭 감고 아빠 이마를 더욱 힘주어 잡았다.
"히히, 아빠. 어지러워! 어지러워!"

상두는 눈물이 핑 돌아 지붕을 쳐다보던 고개를 떨어뜨렸다. 만약 지금 아빠라도 나오면 뭐라고 말해야 할지 알 수 없었다. 상두는 더 먼 기억 속에 있을지도 모를 친아빠를 생각해 내려고 애썼다. 그러나 기억을 더듬으면 더듬을수록 지금 아빠와의 일들만 더욱 생생하게 살아났다.
"에잇!"
옛 기억을 돌이키지 않으려고 상두는 발에 채는 돌멩이를 힘껏 찼다. 돌멩이는 고추밭 한 가운데로 멀리 날아갔다.

'그럴 리 없어. 아빠는 친아빠야. 아빠한테 가서 물어봐야지.'

상두는 주먹을 불끈 쥐었다. 왜 진작 그 생각을 못했을까. 아빠한테 물어보면 될 것을.

하지만 상두는 이내 두려워졌다. 물어봤는데 그게 사실이라면? 그 다음엔 어떡해야 하지? 생각이 깊어질수록 두려움도 커졌다. 파면 팔수록 깊고 넓어지는 구멍처럼.

마당으로 들어서니 아빠랑 연두가 닭장에서 나왔다. 연두 손에 달걀 그릇이 들려 있었다. 연두를 보자 상두는 문득 연두와 자기가 나이 차이가 많이 난다는 걸 깨달았다. 한 번도 의아하게 생각해 본 적 없는 일이었다.

"어서 와라, 우리 아들. 덥지? 들어가서 씻고 저녁 먹자. 참, 아빠가 달걀말이 해 줄까?"

아빠가 언제나처럼 상두를 보고 활짝 웃었다. 달걀말이는 엄마보다 아빠가 더 잘한다. 상두는 어려서부터 아빠가 해 준 달걀말이를 좋아했다. 아니, 그런데 달걀말이가 뭐가 어렵다고 엄마보다 아빠가 잘하지?

'혹시 아빠가 일부러 나를 위해 한 건 아니었을까?'

상두는 아빠를 물끄러미 쳐다보며 아빠의 얼굴에 자신의 얼굴을 겹쳐 보았다.

'어디가 닮았을까? 나랑 닮은 데가 있기는 한 건가?'

"아니, 이 녀석이 왜 그렇게 쳐다봐? 아빠 얼굴에 뭐 묻었냐?"

아빠가 상두 머리에 두터운 손을 얹어 마구 비벼 댔다. 수북한 앞머리가 헝클어져 눈을 찔렀다.

'아냐, 아냐. 아빠는 친아빠야. 나를 낳아 준 친아빠라고!'

상두는 악을 썼다. 그러나 소리가 되어 나오지는 않았다. 눈물이 핑 돌았다. 상두는 아빠를 지나쳐 집 안으로 뛰어들어 갔다.

밤새 뒤척여서인지 아침에 늦잠을 잤다. 엄마가 상두를 따라다니며 재촉했다.

"빨리 해. 학교 늦겠다. 왜 이렇게 꾸물대니?"

"오늘따라 쟤가 왜 저래? 너 학교 늦어도 괜찮아?"

"여덟 시 오 분 전이네. 빨리 해, 빨리."

엄마의 성화에도 상두는 느릿느릿 움직였다. 그러다 끝내 화를 내고 말았다.

"알았다고! 내가 알아서 간다니까. 잔소리 좀 그만해!"

얼굴을 붉히며 소리를 질러 대는 상두의 태도에 엄마가 흠칫 놀라 눈을 휘둥그레 떴다.

"김상두, 엄마한테 무슨 말버릇이야?"

"내가 알아서 한다는데 왜 그러냐고?"

"저 녀석이, 보자 보자 하니까……."

상두는 더는 대꾸하지 않았다. 어안이 벙벙하여 말을 잇지 못하는 엄마를 그대로 두고, 현관문을 벌컥 열어 젖혔다. 그리고 시위라도 하듯 쾅 소리가 나게 닫았다.

집을 나섰지만 학교에 가기 싫었다. 상쇠 자리도 뺏겼고 더구나 숙제도 안 했다. 말썽쟁이 상두지만 지금껏 숙제는 잘해 갔다. 이제 숙제까지 안 했으니 요즘 상두를 탐탁하지 않게 생각하는 선생님한테 더 찍힐 것이 분명했다. 그리고 준서는 더 신이 나서 눈꼴신 행동들을 할 게 뻔했다.

'흥. 찍히면 찍히는 거지, 뭐.'

상두는 일부러 느릿느릿 걸었다. 가을로 접어드는 아침, 살랑바람이 얇은 셔츠 속을 파고들었다. 바람을 천천히 음미하며 일부러 논밭 사잇길로 들어가 먼 길로 돌아갔다. 바람이 머릿속을 뚫고 지나가 복잡한 생각들을 다 날려 주었으면 싶었다.

1교시 수업이 시작된 학교 운동장은 텅 비어 있었다. 한 학년이 한 반뿐인 조그만 학교의 이 층짜리 건물은 학교 괴담에 나오는 건물처럼 우중충하고 을씨년스러웠다.

상두는 떨어지지 않는 발걸음을 억지로 떼어 교실로 향했다. 뒷문 앞에 이르자 멈추어 서서는 잠시 심호흡을 했다.

문을 열었다. 드르륵 소리가 다른 때보다 유독 크게 들렸다. 아이들이 모두 고개를 돌리고 상두를 보았다. 눈을 내리깔고 제 자리로 간 상두에게 영보가 소곤댔다.

"너 왜 이제 와? 선생님이 출석 부르고 나가셨어."

"……"

상두는 고개를 들지 않은 채 책상 위에 펼쳐진 영보 교과서를 힐끔 보았다. 국어였다.

"야, 숙제 했어?"

영보가 조금 큰 소리로 물었다.

"아름다운 우리 말 조사해서 짧은 글 짓는 숙제 있었잖아."

영보가 공책을 펴서 상두 쪽으로 밀었다. 큼직한 글씨가 공책 두 면을 꽉 채웠다.

"근데 똑같이 쓰면 안 되잖아."

상두가 무겁게 입을 뗐다. 국어는 좋아하는 과목이다. 다른 때 같으면 사전을 찾고 인터넷을 뒤져 가며 열심히 했을 숙제였다.

"내가 우리 말 많이 찾아서 쓰고 남은 게 몇 개 있거든. 그거랑 내 거 몇 개 겹치기 해서 하면 감쪽같잖아."

영보가 좋은 수를 생각해 냈다는 듯 벙글거렸다. 상두는 고마웠지만 선뜻 내키지가 않았다.

"에이, 귀찮아. 그냥 혼나고 말지 뭐."

상두는 영보 공책을 밀어 내고는 책상에 엎드렸다. 숙제고 뭐고 마음 같아선 당장 교실을 뛰쳐나가고 싶을 뿐이었다.

잠시 뒤, 선생님이 들어왔다. 교실 문 여닫는 소리에 상두의 가슴까지 텅 하고 울리는 것 같았다. 웅성대던 교실이 조용해지자 상두는 할 수 없이 몸을 일으켰다. 고개를 숙이고 있는데도 선생님의 눈길이 느껴졌다.

"김상두. 또 지각했네. 요즘 지각이 잦아. 왜 그러지?"

"저기, 늦잠을……."

상두는 핑곗거리가 없어 '늦잠'이란 말을 우물거렸다. 자신이 생각해도 생급스런 대답이었다. 몇몇 아이들이 수군대는 소리가 들려왔다.

"엄마 아빠 어디 가셨니? 부모님이 안 깨워 주시는 거야? 요즘 정말 이상하네. 아무래도 어머니 한번 뵈어야겠다."

토막토막 끊는 선생님 말이 귓속에 박혀 벌레가 들어간 것처럼 윙윙댔다.

'엄마보고 학교에 오라는 거야?'

난데없이 엄마 얘기까지 나오자 상두는 선생님 말씀까지 삐딱하게 받아들여졌다. 이 마당에 엄마까지 학교에 오라고 하면 어쩌지. 걱정이 하나 더 늘었다.

상두는 펼쳐 놓은 교과서에 뜻 없는 눈길을 주었다. 교과서의 글씨가 또렷이 보였다 퍼져 보였다 하여 읽히지가 않았다.

멍하니 오전을 보내고 점심시간이 되었다. 급식실은 언제나처럼 시끌벅적했다. 후루룩 쩝쩝 국을 떠먹고 밥과 반찬을 씹는 소리, 숟가락 젓가락이 식판에 부딪치는 소리, 아이들이 떠드는 소리, 영양사 선생님이 식사 예절을 지도하는 소리들로 가득했다.

상두네 학교는 급식실이 작아 전교생을 반으로 나누어 일주일마다 번갈아 먼저 먹고 뒤에 먹는다. 이번 주는 6학년과 4학년, 1학년이 먼저 먹는 순서다.

친구가 소시지를 빼앗아 먹었다며 우는 1학년 여자아이의 울음소리가 그치지 않고 들려왔다. 상두는 왈칵 짜증이 났다. 밥을 숟가락 가득 퍼 꾸역꾸역 데시겼다. 오늘따라 반찬도 싫어하는 것투성이였다.

빈 식판을 들고 일어서는데 영보가 상두를 불렀다. 보나 마나 운동장에서 공을 차고 들어가자는 뜻이었다. 상두는 고개를 저어 영보를 뿌리치고 교실로 돌아왔다. 지금은 생각할 게 너무 많았다. 아빠의 아들이 아니라면 자신은 누구의 아들일까? 엄마는 친엄마가 맞을까?

'내가 누구지? 도대체 나는 누구냐고?'

집에서 들고 온 만화책을 건성으로 넘기며 상두는 한 가지 생각에 파묻혔다. 골이 지끈거렸다. 어지러운 것도 같았고, 머릿속이 텅 빈 것처럼 멍했다.

문득 고개를 들었다. 준서가 아이들에게 둘러싸여 있었다. 희주, 예린이, 새미, 순권이다. 영보도 보였다. 준서가 방학 때 해외여행 가서 사 온 선글라스를 자랑하고 있었다. 아이들이 돌아가며 한 번씩 써 보고는 깔깔거렸다. 마지막으로 영보가 썼다. 영보는 선글라스를 쓴 채 지팡이를 짚고 더듬거리는 시늉을 하며 장님 흉내를 냈다. 아이들이 까르르 깔깔 배를 잡고 웃어 댔다.

상두는 속이 뒤틀렸다. 자기만 빼고 모여 있는 게 꼭 자기를 따돌리는 것만 같아 떨떠름했다. 더구나 단짝 영보까지 거기 끼어서 장님 흉내를 내고 있다니!

순간 상두가 자리에서 벌떡 일어났다.

"야! 조용히 좀 해!"

소리라도 지르지 않고는 가슴이 터져 버릴 것 같았다.

"뭐라고? 야, 네가 뭔데 조용히 하라 마라야?"

준서가 허리에 두 손을 얹고는 따지듯이 다가왔다. 아이들이 주춤주춤 따라왔다.

"선글라스는 왜 가져와서 장님 흉내를 내냐? 시끄러워서 책을 읽을 수가 없잖아!"

그러자 준서는 상두가 보고 있던 만화책을 흘끗 쳐다보더니, 비웃듯이 한쪽 입꼬리를 올렸다.

"그래, 만화책 읽는다! 왜? 넌 만화책 안 보냐?"

상두도 지지 않고 눈을 부라렸다. 근질근질한 주먹이 저절로 쥐었다 펴졌다 했다.

"흥, 만화책 볼 시간 있으면 숙제나 하시지. 아니면 잠이나 자 두든가. 만날 숙제도 안 해 오고 지각이나 하는 주제에. 안 그러냐? 얘들아!"

준서가 아이들을 둘러보며 한껏 비아냥거렸다. 아이들이 난처한 표정을 지으며 상두와 준서를 번갈아 바라보았다.

"이 자식이!"

상두가 자리에서 벌떡 일어서며 준서를 향해 거칠게 책상을 밀었다. 그러나 책상은 준서를 비껴가서, 옆에 있던 예린이의 허벅지에 부딪쳤다.

"엄마야!"

예린이가 교실 바닥에 엉덩방아를 찧으면서 털썩 자빠졌다. 이내 엉엉 울음을 터뜨렸다.

"어쭈, 너 지금 예린이한테 책상 밀었냐?"

준서가 눈썹 사이에 주름을 모으더니 이를 앙다물고 상두에게 달려들었다. 상두는 잽싸게 팔을 뻗어 달려드는 준서를 힘껏 떠다밀었다. 준서가 떠밀리며 책상과 의자에 부딪쳐 비틀거리다 나자빠졌다.

"지금 뭣들 하는 거야?"

순간 선생님 목소리가 교실 안에 천둥처럼 울렸다. 상두는 벼락이라도 맞은 듯 눈앞이 아득해졌다. 분명 눈은 뜨고 있는데 아무엇도 보이지 않았다.

"이 녀석들이 왜 만날 싸움질이야? 반장, 반장 어디 있어?"

선생님이 순권이를 눈으로 더듬었다. 겁먹은 얼굴로 눈치만 살피고 있는 아이들 사이에서 순권이가 쭈뼛쭈뼛 선생님 앞으로 나섰다.

"저기……."

머뭇거리는 순권이를 제치고 영보가 나섰다.

"선생님. 제가 준서 선글라스를 끼고 장님 흉내를 내서요."

"그래서?"

"제가 그런 장난을 쳐서 상두가 화가 난 거예요."

"너한테 화를 냈는데 예린이는 왜 울어? 준서는 왜 넘어져 있고? 책상은 또 이게 뭐야, 응?"

선생님이 마뜩잖은 눈길로 제멋대로 흩어진 책상들을 가리켰다.

"김상두, 따라와!"

선생님이 홱 돌아서서 성큼성큼 교실을 나갔다.

'에이, 모르겠다.'

선생님 뒤를 미적미적 따라가며 상두는 주먹으로 복도 벽을 툭 쳤다. 전에는 상상할 수 없는 행동이었다.

선생님은 상두를 교장실 옆 복도에 꿇어앉혀 두고 수업을 들어갔다. 지나가는 선생님들이 한심하다는 듯 쳐다봤다.

눈물이 나오려고 해 상두는 두 눈을 끔벅이며 입술을 깨물었다. 그러나 어느새 뜨거운 눈물이 볼을 타고 흘러내렸다.

우는 모습을 들키지 않으려고 고개를 깊이 숙였다. 눈물이 걷잡을 수 없이 쏟아졌다. 가슴 저 밑바닥에 가두어 두었던 눈물이 소용돌이치며 솟아올랐다. 둑이 터진 것 같았다.

상두는 벌떡 일어섰다. 망설임도 없이 복도를 박차고 나왔다. 마침 수업이 시작된 뒤라 복도에는 아무도 없었다.

병설 유치원으로 가는 복도 끝 현관을 통해 밖으로 나왔다. 가을볕이 무척 따사로웠다. 유치원으로 가는 길목에 쭉 늘어서 있는 꽃밭에는 막바지에 피어난 여름 꽃과 일찍 핀 가을꽃들이 한창이었다.

쑥부쟁이, 도라지, 치커리 꽃, 원추리, 메리골드, 금관화, 상사화, 풍접초, 사랑초, 붉은 토끼풀꽃, 코스모스, 국화, 봉숭아, 맨드라미 등등 저마다 이름표를 달고 활짝 피어 있었다. 엄마가 좋아하는 보라색 과꽃도 있었다.

상두는 꽃들이 아빠로 보이기도 하고 엄마로 보이기도 했다.

선생님으로 보이기도 하고 준서로 보이기도 했다.

손을 뻗어 가까이 있는 코스모스 모가지를 툭 분질렀다. 코스모스는 아주 쉽게 꺾였다. 코스모스를 손아귀에 쥐고 문질러 비볐다. 얇은 꽃잎이 허망하게 뭉개졌다.

상두는 꽃들을 노려보았다. 꽃들은 저희끼리 귀엣말을 하며 상두를 힐끔거리다가는 키득키득 웃는 것 같았다. 마치 상두에게 '바보, 바보' 하는 것만 같았다.

상두는 뾰족한 돌들을 나란히 꽂아 만든 테두리를 넘어 쏜살같이 꽃밭으로 뛰어들어 갔다.

"에잇!"

작은 꽃들은 발로 마구 짓이겼고, 키가 큰 꽃들은 모가지를 똑똑 분질러 버렸다. 펄떡펄떡 뛰다가 주저앉아 엉덩이로 문지르고 뒹굴었다. 곱고 화사하던 꽃밭이 금세 생기를 잃고 엉망이 되었다.

마구잡이로 꽃밭을 망가뜨리던 상두는 갑자기 정신이 든 듯, 누가 볼세라 실내화를 신은 채로 후다닥 교문 밖으로 도망쳤다. 속이 후련할 줄 알았는데 가슴은 더 찢어질 듯 아팠다.

맡은 일을 완성하는 힘_**책임감**

집에 들어가기 싫어

'이제 어디로 가지?' 상두는 좁은 읍내를 터덜거리며 운동장에도 가 보고, 은행에도 들어가 보았다.

학교 뒤편으로 야트막한 산이 있다. 산길을 올라 고개를 넘어가면 읍으로 가는 길로 이어진다. 상두는 큰길을 버리고 산길로 접어들었다.

띄엄띄엄 있는 집들을 지나 산속 깊이 들어가자 상두는 숨을 크고 길게 내쉬었다. 야! 소리도 질렀다. 그 바람에 새들이 나뭇가지에서 푸드덕 날아올랐다.

돌멩이 하나를 집어 새들이 날아간 곳을 향해 던졌다. 빽빽한 나무들이 들어찬 숲속에서 조그만 돌멩이는 소리도 없이 떨어졌.

두세 시간 걸었을까. 읍에 닿으니 상두는 온몸에 힘이 하나도 없었다. 배도 고프고 목도 말랐다. 머리도 어찔어찔했다.

상두는 읍에서 가장 큰 마트에 들어갔다. 크다고 해야 아빠랑 가끔 가 봤던, 근처 도시에 있는 대형 마트의 반의반도 안 됐다. 시식 코너가 있는 곳도 빵집 한 군데뿐이었다. 게다가 손님이 없어 눈치가 많이 보였다.

다행히 손님이 몇 명 모이자, 상두는 사람들 속에 섞여 조그맣게 잘라 놓은 모카 빵을 두어 조각 집어 먹었다. 어쩌면 이것으로 저녁을 에우게 될지도 모를 일이었다. 그러나 눈치가 보여 더 이상 집어 먹지 못하고 마트를 나왔다.

시장에 갔다. 수산물 가게들이 죽 늘어서 있었다. 바닷물이 철

철 넘치는 커다란 고무 함지에서 뽀글뽀글 물방울이 솟았고, 싱싱한 고기들이 펄떡거렸다. 어쩌면 아빠가 잡은 고기도 저곳에 있을지 모른다. 아빠가 물때에 맞춰 어장에서 걷어 오는 고기들은 단골 식당에서 가져갔고, 남은 것들은 장에 내다 팔았다.

상두는 걸음을 멈추고 고무 함지 앞에 쪼그려 앉았다. 숭어들이 함지 가득 뒤엉켜 헤엄치고 있었다. 아빠는 가을 숭어보다 봄 숭어가 더 맛있다고 했다. 그리고 여름 숭어는 맛없다고 그물에 걸려도 싱싱한 것만 걷어 오고, 나머지는 다시 놔 줄 때도 많았다.

상두는 아빠가 생각나자 벌떡 일어났다. 아무 생각도 하고 싶지 않았다.

다시 아까 그 마트에 갔다. 빵집에 가서 처음 온 척 또 빵을 집어 먹었다. 좁은 읍내에서 많지 않은 손님을 대하는 주인은 상두를 금세 알아보았다. 상두가 빵을 훔치기라도 할까 싶은지 계속 의심스런 눈초리를 보냈다.

기분이 나빠진 상두는 얼른 빵집 앞을 떠나 물건을 살 것처럼 마트 안을 한 바퀴 돌았다. 주머니를 뒤지니 천 원짜리 한 장이 나왔다. 그러나 그 돈으로 뭘 사 먹을 수는 없었다. 어디를 가든 차비는 남겨 두어야 했다.

'이제 어디로 가지?'

상두는 좁은 읍내를 터덜거리며 쏘다녔다. 읍내에 있는 초등학교 운동장에도 가 보고, 은행에도 들어가 보았다. 군청 민원실에서는 한쪽 구석에서 한참이나 앉아 있었다. 어른들만 드나드는 곳에 있으려니 자꾸 몸이 움츠러들었다.

뉘엿뉘엿 해가 지기 시작했다. 어디로 갈까 망설이던 상두는 영보를 떠올렸다. 학교 일도 궁금했고, 이럴 때 가장 친한 친구인 영보 말고 누가 있으랴 싶었다.

영보네 집은 읍에서 가까웠다. 학교를 가운데 두고 상두네와 반대 방향이었다.

버스를 타고 십 분쯤 가니 영보네 동네가 나왔다. 정류장이 가까워 오자 내릴까 말까 망설여졌다. 버스를 타고 계속 가면 집에 갈 수 있었다. 그러나 집으로 가기는 싫었다.

결국 버스에서 내려 영보네 집이 있는 마을 어귀로 들어섰다. 시멘트 길을 죽 따라가다 오른쪽으로 꺾어지면 낯익은 붉은 벽돌집이 나온다.

'영보가 없으면 어쩌지?'

정류장이 가까워 올 때처럼 영보네 집이 가까워 오자 상두의 걸음이 주춤거렸다. 영보 엄마에게 왜 왔는지 둘러댈 적당한 말도 떠오르지 않았다.

영보네 집터서리에서 한참을 서성거렸다. 텔레파시가 통해 영보가 나와 준다면 더할 나위 없이 좋을 것 같았다.

"너 상두 아니니?"

중학생인 영보 누나가 학교에서 돌아오는 길이었다. 상두는 마치 잘못을 저지르다 들킨 것처럼 얼굴이 달아올랐다.

"어, 누나……."

"영보 만나러 왔어? 들어가자."

상두는 영보 누나를 따라 빛바랜 초록 대문으로 들어섰다. 누나가 큰 소리로 영보를 불렀다.

상두를 보자 영보가 눈을 휘둥그레 떴다. 그러고는 누나가 무슨 눈치라도 챌세라 얼른 상두를 자기 방으로 데리고 들어갔다. 다행히 영보네 엄마 아빠는 집에 없었다.

"야, 너 어떻게 된 거야? 어디 갔었어?"

영보가 재우쳐 물었다. 상두는 대답 대신 벌렁 드러누웠다. 노곤했던 몸이 느슨하게 풀리며 눈이 저절로 감겼다.

"선생님이 너희 집에 전화하고 난리 났었어."

"……."

방바닥이 꺼졌는지 몸이 밑으로 쑥 빨려 들어가는 듯했다. 아득하니 감은 눈 속으로 별이 노랗게 부서져 내렸다. 이대로 땅속으로 사라져 버렸으면 싶었다.

"야, 너 배고프지? 잠깐만 기다려."

상두를 찬찬히 뜯어보던 영보가 후다닥 일어나 나가더니 쟁반에 밥을 차려 왔다. 흰 보시기에 담긴 김치와 시금치나물, 급하게 부친 계란 프라이가 놓여 있었다.

밥 냄새를 맡으니까 뱃속이 요동을 쳤다. 상두는 두말 않고 밥 숟가락을 들었다. 싫어하던 시금치나물도 달보드레하니 기가 막히게 맛있었다.

땅거미가 짙게 내려앉을 즈음, 타타타타 경운기 소리가 나더니 들녘에 나갔던 영보 엄마와 아빠가 돌아왔다. 낡은 작업복에 목까지 덮인 모자를 쓴 영보 엄마가 상두를 보자 반겼다.

"상두 왔구나. 엄마랑 다들 잘 계시지?"

동네는 멀리 떨어져 있어도 같은 학부모라서 엄마는 영보 엄마와 인사를 하고 지내는 사이였다. 엄마도 영보가 집에 놀러 오면 꼭 부모님 안부를 묻곤 했다.

"네. 안녕하세요?"

"오냐."

상두는 예의 바르게 인사를 했다. 영보 아빠가 무뚝뚝하게 대답을 하고는 경운기에서 농기구를 내려놓았다.

"엄마, 우리 저녁 먹었어요."

영보가 부엌으로 들어가는 엄마를 보며 소리쳤다.

"벌써? 반찬도 없었을 텐데. 상두도 왔는데 엄마 오면 먹지 그랬어."

영보 엄마가 미안한 표정을 지으며 돌아보았다. 상두는 엄마가 생각났다. 엄마도 영보가 놀러 오면 맛있는 걸 해 주려고 애썼다.

"나 오늘 집에 안 들어갈 거야."

"전화도 안 하고?"

방에 들어온 상두가 불쑥 내뱉자 영보가 걱정스럽게 물었다.

"몰라."

상두가 짧게 대답하고 털썩 주저앉았다. 영보가 상두 곁으로 바짝 다가왔다.

"너 왜 그래? 어떻게 전화도 안 해?"

"묻지 마. 괴로워."

상두가 한숨을 폭 내쉬었다. 영보는 그런 상두가 못내 궁금한 듯 상두를 빤히 바라보았다.

"내가 전화할까? 아니, 엄마한테 해 달라고 할까?"

"싫어. 몰라. 생각 좀 해 보고."

말은 그렇게 했지만 내심 걱정이 되었다. 지금쯤 엄마는 어떻게 하고 있을까. 아빠는?

"얘들아, 과일 먹어라."

잠시 뒤, 영보 엄마가 상두와 영보를 불렀다. 식구들이 거실에 모여 있었다. 영보 엄마가 과일을 깎자마자 영보 누나가 과일 두 조각을 집어 들었다.

"아빠, 아! 엄마도 아!"

그러고는 아빠 엄마 입에 차례로 과일을 넣어 주었다. 영보가 누나를 쏘아보았다.

"씨, 엄마는 내가 줄 건데."

영보가 과일 두 조각을 포크에 꿰었다.

"엄마, 아!"

영보 엄마가 입을 벌려 과일을 받아먹으며 불룩한 볼을 씰룩댔다. 영보 아빠가 그런 영보 엄마를 보며 빙그레 웃었다. 상두는 문득 집 생각이 났다.

'우리 집도 저렇게 화목했는데……'

그랬다. 상두 자신만 예전으로 돌아가면 얼마든지 화목할 수 있는 집안이었다. 그러나 지금은 자신이 없었다.

영보와 컴퓨터 게임을 하며 저녁 시간을 보냈다. 아홉 시쯤 되자 영보가 슬그머니 나갔다 들어오더니 호들갑스럽게 말했다.

"야야, 내가 우리 엄마한테 전화해 달라고 했어. 너희 엄마가 집에 오라고 했는데 자고 가서 혼날까 봐 그런다고. 됐지?"

상두는 영보가 새삼 고마웠다. 이럴 때 친한 친구가 있다는 게 얼마나 다행인지 몰랐다. 전에도 영보네 집에서 몇 번 자고 간 적이 있었기 때문에 영보 엄마나 아빠도 별로 이상하게 생각하지 않았다.

영보가 이부자리를 폈고 둘이 나란히 누웠다. 갑자기 침묵이 흘렀다. 어색했다. 뭔가 이야기를 해야 하는데 선뜻 입이 떨어지지 않았다.

"상두야, 우리 밖에 나갈까?"

영보가 답답하다는 듯 자리에서 일어나 마루로 나갔다. 상두도 따라 일어났다. 사실 잠자리에 들기엔 조금 이른 시간이었다.

초가을 밤하늘에 별이 총총 빛났다. 상두는 어둠 속에서 가만히 별을 바라보았다. 밤바람이 서늘하게 불어왔다.

"상두야."

영보가 조심스럽게 불렀다. 상두는 대답하지 않았다.

"무슨 일이야? 말하고 싶지 않으면 안 해도 되는데, 털어놓으면 시원할지도 모르잖아."

줄곧 어둠만 뚫어져라 바라보던 영보가 고개를 돌렸다. 상두의 가슴으로 한 줄기 바람이 휑 하고 지나갔다.

상두는 가슴이 터질 것 같았다. 뭔가 이야기를 하긴 해야 하는데 얼른 입이 떨어지지 않았다.

'영보가 들으면 불쌍하게 생각하지는 않을까?'

아무리 친한 친구라도 동정받는 건 싫었다.

'사실 확실한 건 아무것도 없잖아. 괜히 나 혼자 난리 친 거라면 어떡해?'

상두는 가만히 일어나 가로등이 희미하게 비추는 마당으로 내려섰다. 어깨와 가슴을 쫙 펴고 밤공기를 깊이 들이마시고는 후 하고 내뿜었다. 답답했던 속이 조금 뚫리는 듯했다.

영보가 슬리퍼를 끌며 상두에게 다가왔다.

'괜히 영보에게 얘기했다가 다른 아이들한테까지 퍼지는 건 아닐까?'

두려웠다. 지금도 아이들 눈치가 이상한데 만약 소문이 퍼진다면 상두는 학교를 다닐 수 없을 것 같았다. 영보가 친한 친구이고 입이 무겁긴 하지만 일급 뉴스인 자신의 출생의 비밀이 과연 지켜질 수 있을지 걱정되었다.

"있잖아, 그게……."

상두가 입을 뗐다. 두 입술이 본드를 발라 놓은 듯 쩍쩍 달라붙었다. 비밀을 털어놓으려니 다시 현실이 엄청난 무게로 다가왔다. 가슴이 뻐근하고 답답했다.

"휴! 몰라. 사춘기인가 봐."

상두는 목에 걸린 알약을 뱉어 내듯 사실을 말하려다 얼른 다른 말로 돌렸다.

"뭐? 사춘기?"

"응. 그냥 괜히 짜증나고 그래서 엄마랑 만날 부딪치고 말다툼하고, 아빠랑 말하기도 싫고. 이런 거 사춘기 맞지?"

"푸하하하! 난 또 뭐라고!"

상두가 둘러대는 말에 영보가 웃음을 터뜨렸다. 다행히 영보가 믿는 눈치였다.

"야야, 너만 사춘기냐? 나도 사춘기다. 이제 그만 적당히 해라."

영보가 상두 가슴에 가볍게 주먹을 날렸다. 상두는 쓰러지는 척 몸을 뒤로 젖히고 밤하늘을 올려다보았다. 수많은 별들이 금방이라도 쏟아져 내릴 듯이 반짝거렸다.

"아빠, 사람이 죽으면 하늘나라로 가?"

"그럼, 하늘나라로 가지."

"하늘나라 가면 어떻게 되는데?"

"어떻게 되긴? 별이 되지. 누구나 죽으면 별이 되는 거야. 별이 되어 이 세상에 두고 간 가족들을 그리워하느라 반짝반짝 빛을 내는 거란다."

어디선가 아빠 목소리가 들려오는 듯했다.

'친아빠가 죽었다면 저 별들 가운데 하나가 되어 있을까?'

다음날, 영보와 함께 학교에 간 상두는 교실 문 앞에서 멈칫거렸다. 예린이 얼굴이 떠올랐다. 영보 말로는 다친 데는 없다고 했으나 예린이 얼굴을 어떻게 봐야 할지 걱정이었다.

'날 형편없는 애로 여길 거야.'

상두는 이제 예린이를 좋아하는 마음을 접어야겠다고 생각했다. 기분이 묘하게 씁쓸했다.

영보가 상두 팔을 잡아끌었다. 상두가 주춤주춤하는 사이, 준서가 상두를 스쳐 교실로 먼저 들어갔다. 괜스레 기분이 상했다.

상두는 용기를 내 저벅저벅 교실로 걸어 들어갔다. 뜨악하게 쳐다보는 몇몇 아이들의 눈길을 애써 무시하며 자리에 앉았다.

잠시 뒤 선생님이 들어왔다. 상두는 선생님을 똑바로 쳐다보지 못했다. 선생님도 별 말씀이 없었다. 선생님은 엊저녁 엄마와 통화를 했을 것이다. 그래서 상두가 영보네서 얌전히 하룻밤을 보냈다는 걸 알고 있을 터였다.

조회를 마친 선생님이 교무실로 상두를 불렀다. 예상은 했지만 상두는 발걸음이 떨어지지 않았다. 말없이 학교를 나간 것도 모자라 꽃밭을 엉망으로 만들어 놨으니 어쩌면 교장실로 불려 갈지도 모를 일이었다.

"죄송합니다."

선생님 앞에 서자마자 상두는 무조건 머리를 조아렸다. 죄송하다는 말을 입 밖에 내고 나니 그동안 선생님 속을 너무 썩였다는 생각이 들었다. 지난 1학기 내내 철없이 장난을 치고 말썽을 부린 일이 새록새록 되살아났다.

"에두를 것 없이 바로 말해 봐. 왜 그랬어?"

선생님이 상두를 다그쳤다. 상두는 입을 다문 채 실내화를 신은 발등만 바라보았다. 어제 바깥에서 내내 신고 다녀서 실내화는 몹시 더러워져 있었다.

"말하기 싫어? 알았어, 그럼."

선생님이 말을 멈추고 책상 위에 펼쳐 놓은 책을 집어 들었다. 잠시 책꽂이를 더듬다가 한 귀퉁이에 책을 꽂았다.

'선생님도 뭔가를 알고 있을까?'

상두는 선생님이 자신의 비밀을 아는 것 같아 자꾸만 목이 움츠러들었다.

"네 요즘 행동에는 반드시 이유가 있을 거야. 하지만 그 이유는 묻지 않을게. 네가 얘기하고 싶을 때 얘기해. 어쨌든 별 탈 없이 돌아와 줘서 고맙다. 선생님 도움이 필요하다면 언제든지 찾아와. 문제가 있으면 함께 머리 맞대고 풀어 보자. 대신 오늘은 집에 일찍 들어가고 월요일부터 풍물 연습 열심히 하는 거다. 약속할 수 있지?"

선생님이 상두 등을 툭툭 두드렸다.

"상두야, 큰 바람 뒤는 고요한 거야. 무슨 말인지 알지?"

상두의 눈에 그렁그렁 눈물이 맺혔다. 상두는 눈물이 흘러내릴까 봐 눈에 힘을 잔뜩 주고 눈꺼풀을 깜박거렸다.

'그래, 선생님은 이렇게 따뜻한 분이야. 선생님께 말할까?'

상두는 하염없이 엉켜드는 여러 가지 생각으로 마음이 들끓었다. 그러나 끝내 아무 얘기도 하지 못했다.

수업을 마치고 집에 갔다. 상두는 멀리서 집터서리를 훑어보았다. 집 안에서보다 주로 바깥에서 일을 많이 하는 엄마 아빠가 아무 데도 보이지 않았다. 현관문도 굳게 닫혀 있었다.

살그머니 현관문을 밀었다. 문 안쪽에 달린 장식용 방울이 왈랑왈랑 울렸다.

엄마가 팔베개를 하고 누워 있다가 소스라쳐서 벌떡 일어났다. 소파에서 넋을 놓고 텔레비전에 눈을 두고 있던 아빠는 상두를 보자 벙긋 웃으며 두 팔을 벌렸다. 하루 새에 아빠의 눈이 퀭해져 있었다.

 상두를 대하는 엄마는 얼핏 태연해 보였다. 그러나 허둥거리는 티가 뚜렷했고, 눈은 붉게 충혈돼 밤새 걱정에 잠 못 이루었음을 말해 주고 있었다. 뜬눈으로 밤을 새운 뒤, 오늘은 일도 안 나가고 종일 초조하게 기다렸을 엄마 아빠가 그려졌다.

 아빠가 말없이 상두를 안았다. 다른 때 같으면 한껏 어리광을 부렸을 텐데 지금은 아빠가 서먹했다. 차라리 왜 그랬느냐고 물었더라면 입을 떼어 물어볼 수도 있을 텐데, 아빠는 이유도 모르면서 무조건 용서하려고 했다. 어젯밤 영보네 집에서 흔들렸던 마음에 다시 옹이가 지려고 했다.

 '맞아. 친아빠가 아니니까 이러는 거야. 친아빠라면 화를 냈어야 해. 반드시 이유를 물었어야 한다고. 아들이 집을 나갔는데, 이유를 묻지 않는다는 게 말이 돼?'

 아빠 품에서 몸을 빼며 상두는 다짐했다. 언젠가는 반드시 물어보리라.

 "상두 너, 왜 그렇게 엄마 아빠 속을 썩이는 거야, 응? 도대체 뭐가 불만이기에 집을 나가, 나가긴?"

 언제 찾아 들었는지 엄마가 빗자루를 거꾸로 들고 소리를 질렀다. 목소리에 울음이 섞여 있었다. 상두는 엄마에게 물어보고 싶었다. 자신이 아빠의 친아들이 아니냐고. 하지만 사실을 확인한 다음에는, 그 다음에는?

상두는 눈을 내리깔고 입을 꾹 다문 채 꼼짝하지 않았다.

'때려요. 때리라고요. 매라도 맞으면 속이 시원할 것 같아요.'

엄마는 마룻바닥만 내리쳤다. 놀란 아빠가 빗자루를 빼앗았다. 얼른 방으로 들어가라며 상두 등을 떠밀었다. 상두는 마지못한 척 방으로 들어와 침대에 몸을 던졌다.

"아이고, 내가 못 살아. 저 녀석이 대체 왜 저런대, 여보!"

엄마의 탄식 소리가 문틈으로 들려왔다. 상두는 눈을 감았다. 피로가 몰려왔다. 힘든 일을 한 것도 아닌데 몸이 천근만근 무겁게 침대 밑으로 가라앉았다.

'오늘은 그만 생각하자.'

상두는 이불을 뒤집어쓰고 억지로 잠을 청했다. 하지만 마음속에서는 엄마 아빠에게 묻고 싶은 말들이 샘솟듯 솟아 흘러넘쳤다.

책임감을 길러 주는 **실천 Tip 3**

잘못을 인정하고 솔직하게 말해요

자신의 잘못을 인정하고 받아들이는 태도에서 책임의식이 시작돼요. 거짓말을 했다면 상대를 찾아가 진실을 말하고, 공놀이를 하다가 액자를 깼다면 용서를 구하고 값을 지불하는 행동이 필요하지요. 이런 과정을 통해 책임감을 배우게 돼요.

일기를 써 보세요. 일기를 통해 스스로를 돌아보고 반성하다 보면 한결 성숙해지고, 발전할 수 있지요.

일기 쓰기

1. 잠들기 전 하루를 돌아보며 일기를 쓴다.
2. 특별히 쓸 이야기가 없는 날은 쓰지 않는다.
3. 잘못한 일이 있으면 일기를 써 내려가며 반성한다.
4. 다음날 상대를 찾아가 잘못을 인정하고 용서를 구한다.

★ step 4
임무 끝까지 해내기

하고 싶은 일만 하고 살 수는 없어요.
자신이 하지 않으면 다른 누군가가 그 일을 해야만 하지요.
책임감은 자신을 사랑하는 마음은 물론
다른 사람을 생각하는 마음에서 비롯되는 것이랍니다.
따라서 책임감은 더불어 살아가는 세상에서
꼭 필요한 것이지요.

맡은 일을 완성하는 힘_**책임감**

바다 바다 바다

**거센 비바람 속에서 아빠는 상두를 부둥켜안고 걸었다.
비바람은 앞뒤 분간을 모르고 요동을 쳤다.**

준서가 상쇠를 맡은 풍물패는 날마다 삐거덕댔다. 읍내에 있는 학원에 다니는 준서는 끝까지 남아 연습할 시간이 없었다. 풍물패 전체에 보이지 않는 금이 가기 시작했다.

"뭐야? 오늘도 상쇠 없어?"

"쳇, 우리끼리 하라고 두고 저는 공부하러 갔다 이거지?"

"야야, 상두 네가 다시 상쇠 맡아라. 어유, 열 받아."

아이들이 불만을 쏟아 냈다. 선생님이 없는 날엔 연습을 안 하고 가는 애들도 있었다. 자연히 남은 아이들마저 시들해졌다.

선생님도 은근히 걱정을 하는 눈치였다. 그렇다고 선뜻 상두에게 다시 상쇠를 맡길 수도 없을 터였다.

그러거나 말거나 상두는 꽹과리만 열심히 쳤다. 연습이 없는 날도 치고, 연습이 끝나면 혼자 남아 쳤다. 쇠를 칠 때면 어지러운 생각들이 쇳소리에 실려 날아갔다.

그러던 어느 날 종례 시간이었다.

"준서야, 운동회 날까지만 학원을 빠질 수 없을까?"

선생님이 조심스럽게 입을 열었다. 준서가 움찔 놀라면서 선생님을 똑바로 쳐다보았다.

"엄마가 절대 빠지면 안 된댔어요."

선생님이 소리 안 나게 한숨을 내쉬었다. 블라우스 앞가슴이 살짝 부풀어 올랐다가 내려갔다.

"이제 운동회도 얼마 안 남았는데 연습이 너무 안 됐어. 앞으로도 상쇠인 준서가 지금처럼 중간에 계속 빠지면, 남은 기간들도 제대로 연습이 되지 않을 건 뻔하고. 준서야, 네가 학원을 빠질 수 없다면, 상두가 다시 상쇠를 맡는 건 어떨까?"

"네, 그렇게 하세요."

말은 순순히 했지만 준서의 얼굴은 붉으락푸르락했다. 그러나 준서도 어쩔 수 없을 터였다. 학원만 해도 영어와 수학, 태권도, 미술 학원을 일주일 내내 돌아가며 다녔다.

수업을 한 시간 일찍 끝낸 선생님이 체육관에 모이라고 했다. 밖에는 가을을 재촉하는 가랑비가 촉촉이 내리고 있었다.

체육관에 모인 아이들은 비 오는 날에도 연습을 시킨다고 구시렁거리며 제가끔 들고 있는 악기로 난장을 쳐 댔다.

째잰잰 쨋쨋쨋잰재--

덩덩덩 따따따 궁궁구궁--

둥둥둥둥두웅--

징징-- 징--

난장은 오래가지 못했다. 선생님이 들어오자 아이들은 곧 선생님의 지도 아래 풍물 연습에 들어갔다. 하기 싫다고 구시렁대던 아이들은 어느새 한마음이 되어 풍물 가락에 빨려 들어갔다. 상쇠를 다시 맡은 상두도 그동안 쌓은 실력을 마음껏 발휘했다.

하늘 보고 별을 따고 땅을 보고 농사짓고

덩덩 쿵따쿵 쿵따쿵따 쿵따쿵--

올해도 대풍이요 내년에도 풍년일세

덩덩 쿵따쿵 쿵따쿵따 쿵따쿵--

달아 달아 밝은 달아 대낮같이 밝은 달아

덩덩 쿵따쿵 쿵따쿵따 쿵따쿵--

어둠 속에 불빛이 우리네를 비춰 주네

덩덩 쿵따쿵 쿵따쿵따 쿵따쿵--

사설로 흥을 돋우며 한바탕 연습이 끝난 뒤 잠시 숨을 돌렸다. 풍물 소리에 따갑던 귀를, 조용히 내리는 빗소리에 씻겨 내려는 듯 아이들은 말없이 창밖을 내다보았다. 비 오는 풍경을 바라보고 있자니 상두도 마음이 차분해졌다.

다음 날 청소를 마치고 운동장에 모였다. 아이들이 다 모였는데 준서가 보이지 않았다. 상두는 조금 늦나 보다 하면서도 자꾸만 교실 쪽을 쳐다보게 되었다.

기다리는 준서는 오지 않고 선생님이 나왔다. 선생님은 운동장에 있던 북을 집어 들고서 북채를 힘껏 내리쳤다.

둥둥둥둥-----

웅성대던 아이들이 조용해졌다.

"준서가 부쇠를 그만둔단다. 학원 때문이라고 하는데, 아예 풍물패에서 빠지겠다는구나. 선생님이 말려도 듣지를 않네. 상두야, 네가 상쇠니까 준서 한번 설득해 봐라. 준서 하나 빠진다고 풍물을 못하는 건 아니지만 그래도 지금까지 함께 연습했는데 끝까지 함께해야 하지 않겠니?"

선생님이 상두와 눈을 맞추며 말했다. 목소리가 잠기고 갈라져 있었다. 통통하던 볼 살도 쑥 들어가 보였다.

"준서가 상쇠 자리 뺏겼다고 안 나오나 보다."

영보가 속삭였다. 순권이가 고개를 돌려 상두를 보았다. 아이들 모두가 상두를 바라보았다. 상두는 귓불이 빨개진 채 "네." 하고 대답했다.

'좋아. 내가 책임질 거야. 반드시 준서를 나오게 하고 말겠어. 상쇠는 책임지고 풍물패를 이끌어 가야 해. 한 사람도 빠져서는 안 돼.'

상두는 꽹과리채를 힘주어 잡았다. 내일 당장 준서를 만나 설득해 보리라.

그러나 준서와 단둘이 만나는 일은 쉽지 않았다. 준서는 상두를 상대해 주지 않았다. 밖에서 좀 보자는 말은 못 들은 척하고 옆에 가면 자리를 피했다. 상두를 철저히 무시하기로 마음먹은 것 같았다.

"야야, 관둬, 관둬. 자기가 뭐 잘한 게 있다고."

영보가 답답하다는 듯 상두를 말렸다. 상두도 그러고 싶은 마음이 굴뚝같았다. 하지만 한편으로는 꼭 설득하고야 말겠다는 오기도 생겼다. 그러나 준서는 번번이 상두의 애를 끓였다.

"와, 쟤 완전 너 무시하기로 작정했나 보다."

순권이도 입을 딱 벌렸다. 준서의 태도가 너무 단호해 상두는 마치 자기가 큰 죄를 진 것 같은 착각마저 들었다. 하긴 상두 자신 때문에 준서가 상쇠를 맡았다가 다시 뺏긴 셈이긴 했다.

상두는 준서가 집에 갈 때 따라가서 얘기를 나눠 보려고 했다. 그러나 준서는 학원 차를 타고 쏙 빠져나갔고, 상두는 풍물패를 책임지는 상쇠였기에 빠질 수도 없는 형편이었다.

상두의 고민은 깊어 갔다. 안 그래도 복잡한 머릿속이 준서와의 일까지 생각하느라 수업 시간에도 집중이 되지 않았다.

일요일 아침, 상두는 아빠를 찾아 밖으로 나갔다. 아빠는 염소 우리를 손보고 있었다. 얼마 전, 산 밑에 외따로 사는 마을 할아버지가 긴 줄을 매달고 있는 어미 염소를 끌고 내려왔다. 산에 풀이 지천인데도 어미 염소는 자꾸만 외딴집 근처를 서성거렸다고 했다.

"새끼 찾느라 그러는지 우리 집 근방에 자꾸 나타나기에 눈여겨봤지. 풀 뜯다가 얼떨결에 새끼를 두고 산까지 올라왔지만 어미인데 맘이 편했겠어?"

할아버지의 말을 들으며 상두는 아빠를 생각했다. 친아들이든 아니든 자식을 기르는 아빠도 염소의 마음이 아니었을까.

어미 염소는 오랜만인데도 대번에 제 새끼를 알아보았다. 우리에 넣어 주었더니 멀뚱거리는 새끼에게 다가가 한참을 혀로 핥아 주고 젖을 물렸다. 태어난 지 두 달이 넘어 젖도 먹고 풀도 먹던 새끼 염소는 어미와 다시 만난 뒤 한동안 풀은 안 먹고 어미 가슴만 파고들었다.

상두는 쭈뼛쭈뼛 아빠에게 다가갔다. 묶여 있던 누렁이가 상두를 보고 펄쩍 뛰어올랐다. 그러나 아빠는 전혀 모르고 일에만 열중하고 있었다.

"아빠. 오늘 바다에 안 나가요? 물때가 지금이든데."

"바다? 아니, 우리 아들이 웬일이야? 먼저 바다에 나가자고 하고?"

아빠가 화들짝 놀라는 시늉을 하며 활짝 웃었다. 칙칙했던 얼굴빛이 금세 되살아났다. 그동안 아무렇지도 않은 듯 행동했지만 얼마나 힘들었을지 짐작되었다.

상두는 아빠에게 죄스러운 마음이 들었다. 저렇게 좋아하시는데 그간 상두는 한 번도 아빠와 함께 바다에 나가지 않았다.

"가긴 가야 하는데 날씨가 별로 안 좋아서……."

아빠가 하늘을 올려다보았다. 상두도 아빠를 따라 하늘을 보았다. 회색 구름이 쫙 깔려 음산한 기운이 돌았다. 엊저녁 뉴스에 태풍이 북상 중이라고 했다.

상두는 바다에 가고 싶었다. 넓디넓은 개펄을 걸으며 준서를 어떻게 설득해야 할지, 지금까지 부딪치기만 했던 둘의 관계를 어찌 풀어내야 할지 묘안을 짜내고 싶었다. 생각이 미친다면 아빠의 일까지도.

"아직 태풍이 올라온 건 아니니……. 그래, 가자. 별일이야 있겠냐? 누구랑 가는 건데."

아빠가 오른손을 높이 들어 하이파이브 자세를 했다. 상두는 어색했지만 아빠의 손바닥에 제 손바닥을 마주쳐 짝 하고 소리를 냈다.

"아자!"

아빠가 소리쳤다.

"아자!"

언제 왔는지 옆에서 연두가 덩달아 소리쳤다. 연두는 아빠 팔에 매달려 깨금발을 하고 기어이 아빠 손과 제 손을 맞대고 부딪쳐 소리를 냈다. 그리고는 수돗가에 있는 엄마를 끌고 와 아빠와 손을 마주치게 하고는 '아자, 아자'를 외쳤다. 까르르, 껄껄거리는 연두와 아빠의 웃음소리가 마당에 울려 퍼졌다.

 엄마 아빠뿐만 아니라 어린 연두도 그동안의 집안 분위기에 눌려 있었나 보았다. 오랜만에 집 안에 퍼진 웃음소리는 엄마에게도 금세 전염되었다. 모처럼 엄마가 봄꽃처럼 화사하게 웃었다. 상두도 기분이 좋아졌다.

 "여보, 괜찮을까? 태풍이 온다는데 걱정되네."

 "싱싱한 놈들만 걷어 갖고 얼른 나오지 뭐. 우리 아들이 가자는데 망설일 게 뭐 있어. 그렇지, 상두야아."

 아빠가 상두 이름을 길게 늘여 부르며 한쪽 눈을 찡긋했다. 상두도 아빠를 향해 씩 웃었다. 아직은 여전히 조금 어색했다. 옛날처럼 어리광을 부리는 일은 못할 것 같았다.

 "상두 너, 아빠 잘 모시고 다녀와. 괜히 말썽부리지 말고."

 "어허, 상두가 무슨 말썽을 부린다고. 당신, 그런 소리 자꾸 하면 나 화내요."

 엄마 말이 떨어지기가 무섭게 아빠가 엄마를 나무랐다. 엄마가 무안한지 얼굴을 붉혔다.

 "저이는 상두라면 벌벌 떨지, 벌벌 떨어."

엄마가 아빠에게 핀잔을 주었다. 상두는 이럴 때 보면 오히려 엄마가 계모 같다는 생각이 들었다.

엄마의 걱정을 뒤로하고 상두는 아빠랑 바다에 나갔다. 아직 하늘은 낮게 내려앉은 구름 사이로 언뜻언뜻 볕뉘가 비쳤다. 어쩌면 날씨가 다시 좋아질지도 모를 일이었다.

"상두야, 조금 빨리 걷자."

아빠가 발걸음을 멀리 떼며 말했다. 십수 년 어부의 감각으로 오늘 같은 날씨는 아무래도 불안한가 보았다.

어장이 가까워 오자 슬슬 바람이 일었다. 군데군데 팬 웅덩이에 고인 물과 바다로 길게 이어진 갯고랑 물이 흔들렸다.

어장에 닿자 아빠는 손을 재게 놀렸다. 움직이지 않는 고기는 놔두고 그물에 걸려 펄떡대는 고기만 대충 떼었다. 걸린 지 오래돼 죽은 고기는 어차피 값도 없어 팔지 못했다. 가지고 가도 동네에 나누어 주거나 집에서 끓여 먹고 남으면 동물들 먹이가 된다.

"태풍이 곧 닥치겠는걸."

아빠가 하늘을 올려다보았다. 상두도 아빠를 따라 하늘을 보았다. 낮게 내려앉은 하늘에 먹구름이 쫙 깔려 있었다.

어장 가까이에 자갈처럼 박힌 소라를 주울까 말까 망설이던 상두는 고기 바구니를 아빠 옆으로 바짝 댔다.

"그물도 손봐야 해요?"

상두가 걱정스레 물었다. 아빠가 혼잣말로 웅얼거렸다.

"이럴 땐 빨리 나가는 게 수지. 괜히 일 더하려고 욕심 부리다 큰일 나지, 큰일 나."

고기를 다 거둔 아빠가 고기 바구니가 얹힌 지게를 지고 되돌아섰다. 상두도 아빠의 빠른 걸음을 따라 개펄 길을 재촉했다. 개펄은 삼채 가락처럼 고르고 알맞은 속도로 걸어야 힘이 덜 드는데, 빠른 걸음으로 걷자니 숨이 가빴다.

개펄 절반쯤 왔을 때 빗방울이 뿌리기 시작했다. 후드득 얼굴을 때리는 빗방울이 손가락만큼 굵었다. 바람은 한 걸음 한 걸음 내디딜 때마다 더욱 거세졌다.

오른쪽에서 내리치던 바람이 방향을 바꾸어 두 사람을 마주쳐 왔다. 곧이어 팔뚝만 한 빗줄기가 상두와 아빠를 사정없이 내리쳤다. 얼굴도 들 수 없고, 눈조차 바로 뜰 수 없었다.

빗줄기들은 사나운 바람에 실려 사방에서 미친 듯이 몸부림쳤다. 마치 갯바닥을 파헤쳐 뒤집어놓을 듯이 사정없이 내리꽂혔다. 어디가 하늘이고 어디가 땅인지 분간할 수도 없었다. 삽시간

에 하늘과 땅이 뒤집힌 것 같았다.

앞서 걷는 아빠가 보였다 안 보였다 했다. 아빠와 떨어지면 큰일이었다. 상두는 아빠의 뒤를 쫓아 죽을힘을 다해 걸음을 떼었다. 아랫입술을 어찌나 세게 깨물었는지 입에서 피 맛이 났다. 그때였다. 어렵게 떼던 상두의 오른발이 뭔가에 턱 걸렸다. 갯바위였다.

"아악!"

상두는 그 자리에서 고꾸라졌다. 발가락과 정강이가 몹시 아팠다. 한동안 몸을 움직일 수가 없었다.

"아빠, 아빠!"

상두는 아빠를 목이 터져라 불렀다. 그러나 상두의 목소리는 곧바로 빗소리에 파묻혔다.

"아빠, 아빠! 어디 계세요!"

겁이 났다. 바로 일어서서 아빠를 따라가지 않으면 아빠와의 거리는 점점 멀어질 터였다.

"아, 아빠! 아빠!"

다시 아빠를 불렀다. 지친 데다 두려움까지 밀려와서 목소리가 잘 나오지 않았다.

"상두야아!"

얼핏 아빠 목소리가 빗소리를 뚫고 들려왔다. 상두도 목청이 터져라 아빠를 불렀다.

"아빠, 저 여기 있어요. 아빠!"

상두는 소리가 난 쪽을 향해 일어섰다.

"윽!"

그러나 곧 주저앉고 말았다. 발목이 아프고 시큰거려 한 발자국도 뗄 수 없었다.

아빠 목소리가 들렸던 것 같은데 아빠 모습은 보이지 않았다. 왈칵 눈물이 쏟아졌다. 목이 메어 꺽꺽 이상한 울음소리가 났다. 상두는 다시 아빠를 불렀다.

"아빠아아!"

얼마쯤 있으니 아빠가 눈앞에 나타났다. 아빠는 쓰러져 있는 상두를 보고 깜짝 놀라 허둥거렸다.

"상두야, 괜찮니? 괜찮아?"

아빠가 상두를 일으키려고 허리를 굽혔다. 그러나 세찬 비바람에 아빠마저 그대로 갯바닥에 쓰러졌다. 아빠가 다시 일어나 상두를 안았다.

"상두야, 어서 일어나자, 어서. 물이 들어오면 큰일 난다."

"아빠, 움직일 수가 없어요."

상두가 빗줄기를 피해 이리저리 고개를 돌리며 울상을 지었다. 문득 발과 엉덩이가 따가운 게 느껴졌다. 얼핏 보니 주위에 굴 껍데기가 널려 있었다.

발을 움켜쥔 상두의 손 사이로 피가 흘러나왔다. 피는 곧 빗물에 씻겨 내려갔다.

"어디 보자, 상두야. 얼마나 다친 거야?"

"앞이 안 보여서 바위에 걸려 넘어졌어요. 굴 껍데기에 발을 베었나 봐요."

상두는 발만 움켜쥐고 있었지만 바위에 부딪친 정강이에서도 피가 흐르고 있었다.

"상두야, 일어나서 아빠를 붙잡아라."

아빠가 상두를 안아 일으켰다. 발을 떼려던 상두가 다시 비명을 질렀다.

"아빠 어깨를 잡고 아빠한테 몸을 기대 봐. 빨리 나가야 해."

상두는 아빠의 어깨에 팔을 걸치고 몸을 기댔다. 아빠가 상두를 끌다시피 하며 한 발 한 발 나아갔다. 혼자 걷기도 힘든 거센 비바람 속에서 아빠는 상두를 부둥켜안고 걸었다.

　비바람은 더욱 거칠고 사나워져 앞뒤 분간을 모르고 요동을 쳤다. 아빠는 순전히 감으로 길을 찾았다. 상두의 무게와 비바람 때문에 아빠는 자주 갯바닥에 쓰러졌다. 그러면 아빠 위로 상두가 엎어졌다. 두 사람은 갯바닥을 뒹굴다가 다시 일어나 엉금엉금 기었다. 어떻게 해서든지 빨리 바다를 빠져나가야 했다. 뒤에서 물이 보이면 그땐 이미 늦은 거였다.

　상두는 엄마와 연두를 떠올렸다. 발을 동동거리며 애타게 기다릴 엄마와 엄마 옆에서 덩달아 걱정스런 표정을 짓고 있을 연두를 생각하면서 상두는 기운을 냈다.

　드디어 개펄이 끝났다. 상두는 뿌옇게 흩어지는 비보라 속에서 언뜻 나타난 둑을 눈을 부릅뜨고 노려보았다. 둑까지는 모래톱을 몇 걸음만 가면 닿을 수 있는 거리였다.

　둑에 이르자 아빠는 상두에게 등을 내밀었다.

　"상두야, 아빠한테 업혀라."

　"아빠, 저를 업고 어떻게 오르시려고요."

　"높은 곳에 오를 땐 발목에 힘이 더 들어가는데 너 혼자서 어떻게 올라가? 괜찮아, 어서 업혀. 떨어지지 않게 아빠 꽉 잡고."

바다 바다 바다

아빠가 재촉했다. 상두는 아빠 등에 가슴을 찰싹 대고 제 몸무게를 실었다. 아빠가 끙 하고 힘을 주며 일어섰다. 그러고는 한 발 한 발 삐죽삐죽 튀어나온 돌에 발을 걸치고 둑을 올랐다. 상두는 행여 아빠 등에서 떨어질세라 팔에 힘을 꽉 주었다. 아빠가 중심을 잃어 떨어지기라도 하면 아빠도 상두도 크게 다칠 것이었다.

아빠도 조심조심 둑을 올랐다. 상두의 몸무게에 비바람까지 더해져 아빠의 몸이 휘청거렸다. 그럴 때마다 발발 떨리는 아빠의 다리가 상두의 가슴으로 고스란히 전해졌다.

드디어 아빠가 둑을 다 올랐다. 흙이 있고 풀이 자라는 길, 둑의 꼭대기에 닿은 것이다.

아빠가 상두를 둑길에 털썩 떨어뜨리고는 그대로 널브러졌다. 아무 사고 없이 올라와서 천만다행이었다.

가슴에 착 달라붙은 얇은 셔츠 안에서 상두의 심장이 빠르게 뛰었다. 널브러져 있던 아빠가 윗몸을 일으켜 상두를 끌어안고는 다시 벌렁 나자빠졌다.

두 사람은 한참 동안 눈을 감고 가만히 누워 있었다. 흙냄새가 바다 비린내에 섞여 콧속으로 훅 끼쳐 왔다. 상두는 슬며시 몸을 돌려 아빠 품속으로 파고들었다. 그런 상두를 아빠가 억세게 끌어안았다.

"미안하다, 상두야. 진작 말했어야 하는데……."

상두는 아빠가 무슨 말을 하는지 대번에 알아차렸다. 본디 아빠와 상두는 말을 하지 않아도 잘 통하는 사이였으니까.

"아빠가 왜, 미안해요. 다시는, 그런 말, 하지 마세요. 제가, 제가 죄송해요."

상두는 숨을 헉헉 몰아쉬었다. 잠이 쏟아질 때처럼 몸이 나른했다.

"죄송하긴, 이 녀석아. 네가 왜 방황하고 있는지 아빠는 눈치채고 있었어. 하지만 네가 받을 충격을 생각하면 쉽게 얘기할 수 없었어. 긴가민가하면서 혼란이 잠재워지기를 기다려야 하나, 솔직하게 얘기를 해야 하나, 엄마랑 무척 고민했단다."

"알아요, 아빠. 처음엔 혼란스러웠지만 이젠 아니에요. 아빠의 사랑을 받고 이만큼 자랐는걸요. 그동안 정말 죄송했어요."

"죄송하다는 말 하지 마라. 어린 네가 혼란스러운 건 당연해. 네게 무슨 잘못이 있겠니? 잘못이 있다면 어른인 우리가 잘못이지."

아빠가 큰 숨을 내쉬었다. 달콤한 달맞이꽃 냄새가 났다.

"아빠도 그런 소리 다시는 하지 마세요. 누구의 잘못도 아니에요."

"그래, 그래. 넌 내 아들이야. 아빠가 가슴으로 낳은 진짜 내 아들이란 말이다. 상두야!"

아빠가 팔뚝에 힘을 주어 상두를 세게 조여 왔다. 상두는 눈앞이 뿌옇게 흐려지며 가슴이 벅차올랐다. 온몸이 감동과 후회로 찌릿찌릿 저려 왔다. 상두는 아빠 품속으로 더 깊이 파고들었다.

아빠의 심장 소리가 쿵쿵쿵 상두의 가슴으로 전해 왔다. 포근한 아빠의 품에 파묻혀 상두는 휘몰아치는 폭풍이 뺨을 간질이는 것을 느꼈다. 상두는 가슴을 활짝 열고 따스한 아빠의 사랑을 한가득 받아들였다. 거짓말처럼 비바람이 잦아들고 있었다.

맡은 일을 완성하는 힘_책임감

가을 운동회

풍물패의 맨 앞에 서 있는 상두는 가슴이 콩닥거렸다.
운동회를 신명나게 이끌어 갈 책임이 상두에게 지워진 것이다.

운동회가 사흘 앞으로 다가왔다. 상두는 아직 준서를 부쇠 자리에 앉히지 못했다. 교실에서 날마다 마주치지만 선뜻 다가갈 수 없었다. 준서는 눈을 마주치지조차 않으려 애쓰며, 상두를 철저히 외면했다.

선생님이 상두를 불러서 다시 말씀하셨다.

"상두야, 준서 일이 오래 걸리네. 물론 선생님이 설득할 수도 있겠지만, 이번 일은 네가 책임지고 해결을 했으면 좋겠다. 너희들끼리 이끌어 가고, 갈등도 해결할 줄 아는 모습을 보고 싶구나. 그리고 부쇠가 있어야 더 흥이 나겠지? 넓은 운동장에서 상쇠 혼자만 쇠를 친다고 생각해 봐."

상두는 점점 애가 달았다. '너만 믿는다.'는 선생님에게 책임감 있는 상쇠의 모습, 아니 선생님의 의젓한 제자 '김상두'의 모습을 보여 주고 싶었다.

상두는 아무리 머리를 짜내도 좋은 수가 떠오르지 않았다. 마음 한구석에 풀지 못한 문제가 막혀 있으니, 풍물 연습도 신이 나질 않았다. 흥이 안 나는 연습을 시간만 때우는 식으로 끝내고, 상두는 아이들에게 할 말이 있으니 잠깐 남아 달라고 했다. 웅성대는 아이들을 순권이가 조용히 시켰다. 상쇠는 상두지만 아이들은 반장 말을 더 잘 들었다.

"풍물패에 준서가 안 나오잖아. 선생님은 어떡하든 나보고 책임지고 준서를 다시 부쇠 자리에 앉히라고 하셔. 사실 나 때문에 일어난 일이기도 하니까, 나도 해결하고 싶은데 어떻게 해야 할지 모르겠어. 좋은 방법 없을까?"

상두가 아이들을 둘러보았다. 예린이가 입술을 달싹거렸다.

"예린아, 넌 준서랑 친하니까 뭔가 방법을 알 것 같은데."

상두가 물었다. 예린이한테는 아직도 미안한 마음이 남아 있었다.

"내 생각에는 상두 네가 준서네 집에 찾아가는 게 좋을 것 같아. 사실 준서도 은근히 소외감을 느끼는 것 같거든. 우리 반 아이들이 다 하는데 자기만 빠진다고 생각해 봐. 누구든 안 그렇겠어? 그러니까 네가 준서네 집에 가서 준서를 설득해 봐. 함께 시작했으니까 끝까지 한 명도 빠지는 사람 없이 상쇠가 풍물패를 끌고 가야 한다고 생각해."

"맞아, 팀의 리더를 맡은 사람은 그 팀을 끝까지 책임져야 해."

희주가 거들었다. 그러자 여기저기서 아이들이 "그래, 그렇게 해!" 하고 외쳤다.

"그렇다면 준서네 집에 함께 가면 어떨까? 준서 마음을 돌리는 데 한 사람보다는 여러 사람의 힘이 모이면 더 좋잖아."

영보가 일어서서 아이들을 둘러보았다. 순권이와 희주가 '오케이' 하면서 손가락으로 동그라미를 그려 보였다.

"그래. 나도 같이 갈게. 준서는 나랑 친하니까 내가 부탁하면 쉽게 거절하지 못할 거야."

예린이가 함께 가 준다니 상두는 한결 마음이 놓였다. 뜻밖에 일이 쉽게 풀릴 것 같았다. 하지만 상두는 곧 마음을 바꿨다.

"고마워, 애들아. 하지만 준서네 집엔 나 혼자 갈게. 나 때문에 생긴 일이니까 나 스스로 해결하고 싶어. 마침 준서네 집도 우리 동네고."

상두가 아이들을 둘러보았다. 아이들이 뜻밖이라는 듯이 멀뚱거렸다.

"그래. 상두 말이 맞다. 우리가 우르르 몰려가면 준서가 당황할지도 몰라."

"너무 많이 가면 실례일 수도 있고."

순권이가 말하자 희주가 받았다.

"생각해 보니 그러네."

예린이도 고개를 끄덕였다.

"너희들이 좋은 아이디어 내 주고, 격려해 준 덕분에 용기가 생겼어. 다들 고마워."

상두가 진심으로 말했다.

"좋아, 좋아. 우리들의 아름다운 우정과 함께 상두는 준서네 집으로 고고씽!"

영보가 일어나서 손짓 발짓으로 너스레를 떨자 희주와 새미, 순권이가 장구와 북을 두드리며 장단을 맞췄다. 이어 영보가 징과 징채를 들고는 선생님을 흉내 내며 징채를 돌렸다. 엉덩이를 과장되게 실룩대는 통에 아이들이 배꼽을 잡고 웃어 댔다.

악기를 정리한 다음, 상두는 교실에 들렀다. 준서네 집에 가기 전에 콩나물을 살펴볼 참이었다. 이번 주 콩나물 당번은 준서였다. 그러나 준서는 학원에 가느라 늦게까지 콩나물을 살피지 못했다.

까만 천을 열어 보니 콩나물에 물기가 바짝 말라 있었다. 아직 날씨가 더워서 콩나물은 물을 자주 주어야 했다.

상두는 빈 양동이에 미지근한 함지의 물을 부어 갖다 버리고 시원한 새 물을 퍼 왔다. 그러고는 콩나물시루 세 개에 골고루 흠뻑 뿌려 주었다. 콩나물이 다시 생기를 되찾고 싱싱하게 살아났다.

그때였다. 인기척이 나서 돌아보니 준서가 교실 문을 열고 들어오고 있었다. 상두를 보자 준서는 한동안 아무 말도 못하고 서 있기만 했다. 아무도 없는 줄 알고 왔다가 상두를 보고 놀란 눈치였다. 상두도 놀라기는 마찬가지였다.

"어? 준서야. 학원 안 갔어?"

상두가 먼저 입을 열었다.

"아니면 벌써 갔다 온 거야? 날씨가 더워서 콩나물이 썩을까 봐 물을 좀 줬어."

상두가 씩 웃었다. 준서가 머뭇거리며 가까이 다가왔다. 상두는 콩나물시루에서 몇 걸음 뒤로 물러났다. 준서가 화를 내면 어쩌나 조마조마했다.

콩나물시루를 찬찬히 들여다보던 준서가 다시 바가지로 물을 퍼서 콩나물에 뿌렸다.

조르르 조르르.

시루 밑으로 물이 빠지는 소리가 빈 교실에 크게 울렸다.

상두는 준서를 만난 게 잘됐다는 생각이 들었다. 지금 준서를 설득해 봐야겠다고 결심했다.

"준서야, 부쇠 좀 다시 맡아 주라."

상두가 조심스럽게 입을 떼었다. 준서는 대답 대신 연달아 콩나물에 물만 주었다. 상두는 다시 준서를 불렀다.

"준서야."

"안 한다고 했잖아. 이미 빠졌고."

준서 목소리가 싸늘했다. 상두는 가슴이 답답해져 왔다. 눈길 한 번 안 주는 준서를 과연 설득할 수 있을지 갑자기 자신이 없어졌다. 등줄기에 식은땀이 흘러내렸다.

"그래. 사실 네 기분 안 좋은 거 이해해. 부쇠에서 상쇠가 되었다가 다시 부쇠를 맡고, 기분 나빴을 거야. 그게 나 때문에 시작된 거였고. 너한테는 정말 미안하게 생각해."

상두가 침을 꿀꺽 삼켰다.

"난 더 이상 할 얘기 없어."

준서가 콩나물시루에 검은 천을 덮었다. 상두가 두 손을 바지에 문질렀다.

"준서야, 그러지 말고 같이 하자. 그동안 학원 다니는 와중에 바쁜 시간 쪼개서 풍물 연습하느라 고생했는데, 진짜 운동회 날에 빠져야겠니?"

상두는 준서를 설득 못하면 자기는 상쇠 자격도 없다는 생각이 들었다. 선생님을 볼 면목은 더더욱 없었다. 상두는 준서 옆으로 바짝 다가갔다. 준서가 얼굴을 찌푸렸다.

"준서야, 진심으로 미안해. 그리고 앞으로 너와 잘 지내고 싶어. 우리 이제 싸우지 말고 좋은 친구로 지내자."

"……."

"내가 상쇠를 맡긴 했지만 네 실력이 나보다 못해서 그런 게 아니잖아. 넌 전학 왔고, 내가 전부터 상쇠를 맡고 있어서 그렇게 된 거니까. 이번 기회에 네 실력을 보여 줘."

상두의 진심이 통했을까. 준서가 슬며시 찌푸렸던 얼굴을 풀었다.

"사실은 나도 풍물패에서 빠지고 싶진 않았어. 홧김에 그러긴 했지만. 또 학원 문제도 있고……."

준서가 얼굴을 붉히며 손을 뒤통수로 가져갔다.

"나도 네가 부쇠 자리에서 빠지고 나니까 풍물패 연습도 전혀

럼 잘되지 않더라. 그동안 너랑 싸우고 네가 부쇠에서 빠진 걸 원망만 했지, 네 처지를 이해하려고 하지 않았어. 이제 너만 부쇠 자리로 돌아오면 잘될 것 같아."

상두가 준서의 손을 잡았다. 준서가 상두에게 잡힌 손을 뒤로 빼려고 했다.

"부탁할게."

상두는 손에 힘을 주었다. 준서가 상두를 바라보았다.

"알았어. 나도 마음이 편치 않았던 게 사실이야. 선생님께도 죄송했고."

"고마워, 준서야. 우리 힘을 합쳐서 이번 운동회 날 멋지게 한판 놀아 보자."

"그래. 며칠 남지도 않았는데 그까짓 학원 좀 빠지지, 뭐. 그리고 콩나물에 신경 써 줘서 고마워. 학원 때문에 잘 돌보지 못해 늘 걱정이었거든."

"응? 아, 콩나물! 내가 기른 것도 아닌데, 뭘."

"어쨌든."

준서가 환하게 웃으며 상두의 손을 잡아 높이 올렸다. 둘은 짝 소리가 나게 손바닥을 마주쳤다.

"아이고, 다 큰 녀석들이 어째 어깨띠 하나도 제대로 못 매냐?"

"얼씨구, 장구가 배 아래로 흘러내렸네. 허리께에 깡똥하게 매야 제대로 가락이 나오지."

선생님이 풍물패의 복장과 악기를 일일이 매만지며 핀잔을 놓았다. 그러나 선생님의 손길은 자상했고, 얼굴은 '너희들이 사랑스러워 죽겠다.'는 표정이었다.

상두는 풍물패를 둘러보았다. 하얀 민복에 까만 더그레를 입고 빨강, 파랑, 노랑 띠를 두른 한 무리의 아이들이 와글와글 떠들고 있었다. 풍물패는 운동장에 가득 모인 사람들 속에서 단연 눈에 띄었다.

"그동안 갈고 닦은 실력을 오늘 최대한 발휘하는 거다. 못하면 운동회 끝나고 단체로 기합이다!"

"에에에에."

엄포를 놓는 선생님이 하나도 안 무섭다는 듯 아이들이 야유를 보냈다.

"오냐, 그래. 선생님 말이 원숭이 콧구멍보다도 못하단 말이지! 그럼 콩나물 팔아 모은 돈, 선생님이 죄다 떡 사 먹으련다."

"에에, 그 돈은 새미가 갖고 있는데요."

"새미가 세냐? 선생님이 세냐?"

선생님이 알통을 내보이는 시늉을 했다. 새미가 선생님을 향해 두 팔을 들어 올리며 절대 안 된다는 표시를 했다.

"오냐, 오냐. 그 돈은 뜻깊게 쓰기로 했으니 건드리지 말고. 좋다, 선생님이 한 턱 크게 낸다. 오케이?"

"오우케이!!"

아이들이 입을 모아 합창을 했다.

풍물패의 맨 앞에 서 있는 상두는 가슴이 콩닥거렸다. 풍물패는 한차례 길놀이를 열어 운동회의 흥을 살리고, 오후에 또 한차례 거방지게 놀게끔 되어 있었다. 운동회를 더욱 흥겹고 신명나게 이끌어 갈 책임이 상두의 어깨에 지워진 것이다.

"어이, 그럼 한판 놀아 볼까나!"

선생님이 상두의 등을 탁 때렸다. 정식 연주에 들어가기 전에 악기를 두들기며 몸을 풀라는 뜻이다. 상두는 큰 숨을 한 번 내쉬고는 아이들을 향해 소리쳤다.

"어이, 그럼 한판 놀아 볼까!"

"좋지!"

풍물패들이 입을 모아 추임새를 놓았다. 둘레에 있는 사람들이 풍물패 쪽으로 고개를 돌렸다. 상두는 사람들을 의식하며 꽹과리를 힘껏 쳤다.

짼–째–짼–째째–––––

상쇠의 쇳소리에 모두가 난장으로 악기를 마구 두들겨 대며 몸을 흔들었다. 언제 들어도 흥이 나고 신명이 오르는 풍물 소리다.

잠시 몸을 푼 풍물패들은 상두가 쇠를 높이 쳐들고 외마치를 두들기자 모두 호흡을 가다듬으며 악기를 추슬렀다.

짼–짼–

상두는 풍물패보다 반 박자 빠르게 꽹과리를 두들기며 걸음을 떼었다. 뒤이어 쇠와 징, 장구, 북, 소고들이 저마다 소리를 내며 상쇠 뒤를 따랐다. 구경꾼들이 하나둘 모여들었다. 상두의 어깨에 힘이 들어갔다.

구령대 옆 한쪽에는 먹을거리 잔치가 벌어졌다. 화덕에 걸린 가마솥에서 김이 무럭무럭 올랐다. 동네 아주머니들이 연신 떡과 과일과 술을 내왔고, 할머니 할아버지들은 음식을 먹으며 얘기꽃이 한창이었다.

아주머니들 사이에 얼핏 엄마가 보였다. 엄마는 쟁반 가득 음식을 차려 나르다가 잠시 걸음을 멈추고 상두를 향해 활짝 웃었다. 엄마를 보자 상두는 꽹과리를 높이 들어 신호를 보냈다. 엄마가 손을 흔들었다.

'아빠는 오셨나?'

상두는 문득 아빠가 궁금했다. 아빠는 어장에 다녀와 조금 늦는다고 했다.

"왜 하필 물때가 지금이라니. 상두야, 아빠는 조금 늦게 가야겠다."

아빠는 처음부터 함께 못해서 무척 아쉬워했다. 상두는 아빠가 그물에서 고기를 걷어 나오는 시간을 헤아려 봤다. 빨리 오면 지금쯤 아빠도 운동장 어딘가에서 상두를 지켜보고 있을 것이다.

상두는 꽹과리에 집중하면서도 틈틈이 아빠를 찾아 눈을 돌렸다. 그러나 아빠는 보이지 않았다. 시골 운동회는 마을잔치니 만큼 워낙 사람이 많이 모인 탓이었다.

상두는 자신의 멋진 모습을 아빠에게 보이고 싶었다. 작년에도 학교에서 풍물 공연을 할 때 꽹과리를 치는 모습을 보여 주었지만 오늘은 그때와 달랐다. 지금 이 순간 아빠의 아들이 이만큼 컸고, 아빠를 닮아 풍물을 좋아하고 쇠를 잘 친다는 것을 확인시켜

주고 싶었다.

 구령대를 지나 왼쪽 모퉁이를 돌 때였다. 앞만 보며 쇠를 치던 상두는 풍물패를 향해 돌아섰다. 상두 뒤로 풍물패의 긴 꼬리가 이어졌다. 다시 그 뒤로 흥에 겨운 할머니 할아버지들이 춤을 추며 따라왔다. 할머니 할아버지들은 구경꾼들 사이로 뛰어들어 아는 사람들을 굿판으로 끌어들였다. 안 나오려고 하는 사람도 있었지만 대부분은 못 이기는 척 끌려 나와 함께 어울렸다. 으레 있는 풍경이었다.

 시키지 않아도 알아서 잡색 역할을 하는 할머니 할아버지들을 훑어보던 상두의 눈이 반짝 빛났다.

'아, 아빠다!'

거기 아빠가 있었다. 할머니 할아버지들 가운데서 가장 젊은 아빠가 풍물패의 장단에 맞추어 어깨춤을 덩실덩실 추고 있었다.

아빠는 혼자 추다가는 아는 할머니와 손을 잡고 추기도 하며 굿판을 한껏 즐기고 있었다.

상두는 가락을 바꾸었다. 느린 장단에서 조금 빠른 장단으로, 다시 아주 빠른 장단으로 폭풍이 휘몰아치듯 꽹과리를 두들겨 댔다. 흔들흔들 몸이 흔들리고 고개가 까딱거리며 신이 오른 것처럼 팔이 저절로 놀았다.

준서도 상두를 따라 꽹과리의 가락을 빠르게 쳐 댔다. 예린이도 희주도 영보도 순권이도 나머지 풍물패들도 더욱 신이 나 악기를 두들겨 댔다.

춤꾼들도 어깨를 들썩이고 두 팔을 너울대며 엉덩이를 흔들었다. 운동장 높이 매달려 있는 만국기들이 흥을 돋워 주듯 팔랑거렸다. 멀리서 선생님이 힘차게 박수를 쳤다.

책임감을 길러 주는 **실천 Tip 4**

작지만 꼭 필요한 일 하기

옷을 아무 데나 벗어 두고, 간식을 먹은 접시를 그대로 두면 어떨까요? 우리 가족이 사는 집이 깨끗하고 즐거운 집이 되려면, 내가 어지른 것을 가족 중 누군가는 치워야만 하지요.

상두처럼 염소 풀 먹이기 등등 작지만 꼭 해야만 하는 집안일을 한 가지 맡아서 해 보세요.

작은 일부터 맡은 바 책임을 다하려는 자세를 가지고 꾸준히 해 나가다 보면, 책임감 있는 사람이 되어 있을 거예요.

내가 할 일 정하기

1. 옷은 꼭 제자리에 벗어서 둔다.
2. 장난감이나 게임기 등을 가지고 논 뒤에는 항상 정리한다.
3. 간식을 먹은 접시는 싱크대에 가져다 두고, 먹은 자리는 치운다.
4. 신발은 단정히 벗어 두고, 일주일에 두 번씩 현관 신발을 정리한다.
5. 책을 본 뒤에는 꼭 책꽂이에 다시 꽂아 둔다.

작가의 글

스스로 선택하고
결과에 책임지세요!

'책임감'을 사전에서 찾아보면 '맡아서 해야 할 임무나 의무를 중히 여기는 마음'이라고 되어 있어요. 그렇다면 여러분이 맡아서 해야 할 임무나 의무에는 무엇이 있을까요?

숙제를 잘해 가는 일, 준비물을 제대로 챙기는 일, 친구와 약속을 잘 지키는 일, 동생과 사이좋게 노는 일, 애완동물을 돌보는 일들이 모두 책임감을 가지고 해야 할 것들이에요. 또 잘못했거나 실수했을 때 자기 잘못을 인정하는 것도 책임감 있는 행동의 하나지요.

우리 집에는 딸이 둘이에요. 이제 고등학생이라 다 컸다고 하지만 엄마인 제가 볼 때는 아직도 어린애 같아요. 저는 딸들이 어릴 때부터 숙제는 했는지, 준비물은 챙겼는지, 친구들과는 사이좋게 노는지 걱정이 돼서 늘 확인하고, 잔소리하고, 챙겨 주고는 했어요.

이렇게 하다 보니, 딸들은 자기가 스스로 할 수 있는 일도 으레 엄마한테 기대거나, 무슨 일을 할 때 엄마가 해 주는 것을 당연하게 생각하게 됐어요.

그러다 세월이 흘러 딸들이 크고, 스스로 선택해야만 하는 일들이 많아졌어요. 자연히 엄마인 제 역할은 줄고, 딸들 스스로 뭔가를 결정하고 그 결정들을 행동에 옮겼지요.

　그런데 가만히 보니 자신들이 선택한 일은 나중에 그 선택이 잘못됐어도 스스로 책임지고 능히 견디어 냈어요. 하지만 엄마인 제가 선택해 준 일에는 잘못돼도 엄마 책임이지 자신의 책임은 아니라고 생각하는 것 같았어요.
　그때 저는 깨달았어요. '선택도 책임이구나. 선택부터 결정까지 스스로 하게 해야, 그 결과에 대해서도 스스로 책임감을 느끼고 좋은 결과가 나오도록 노력하는구나.' 라고요.
　여러분은 아직 어리지만 그래도 스스로 선택해야만 하는 일이 있고, 할 수 있는 일이 많아요. 스스로 선택해서 해야만 하는 일들, 그리고 할 수 있는 일을 하나씩 해 나가다 보면 책임감도 자연스럽게 길러지지요.
　이 책의 주인공 상두도 세상에 둘도 없는 철부지였어요. 하지만 콩나물 기르기부터, 준비물 챙기기, 염소 풀 먹이기 등등 작은 일에서부터 자신이 책임을 다하지 않았을 때, 다른 친구들에게 어떤 피해를 주게 되었는지 깨닫게 되면서 책임감 있는 아들, 책임감 있는 제자, 그리고 학교 풍물패에서 책임감 있는 상쇠로 거듭났지요.
　여러분도 이 책을 다 읽고 나면 어리고 철부지 같기만 했던 마음이 훌쩍 자란 걸 느낄 수 있을 거예요.

푸른 가을날 철부지 아줌마 양혜원

어린이 자기계발동화 21

어린이를 위한 **책임감**

초판 1쇄 발행 2010년 9월 24일 **초판 12쇄 발행** 2020년 7월 30일

글 양혜원 **그림** 옥지현

펴낸이 연준혁
편집 1본부 본부장 배민수
편집 5부서 부서장 김문주
편집 윤지현
디자인 마루·한

펴낸곳 ㈜위즈덤하우스 **출판등록** 2000년 5월 23일 제13-1071호
제조국 대한민국 **주소** 경기도 고양시 일산동구 정발산로 43-20 센트럴프라자 6층
전화 031)936-4000 **팩스** 031)903-3893 **홈페이지** www.wisdomhouse.co.kr

ⓒ양혜원, 2010
ISBN 978-89-6086-284-5 74800
ISBN 978-89-6086-081-0 (세트)

* 이 책의 전부 또는 일부 내용을 재사용하려면 반드시 사전에 저작권자와
  ㈜위즈덤하우스의 동의를 받아야 합니다.
* 인쇄·제작 및 유통상의 파본 도서는 구입하신 서점에서 바꿔드립니다.
* 책값은 뒤표지에 있습니다.
* 이 책의 사용 연령은 8~13세입니다.

이 도서의 국립중앙도서관 출판예정도서목록(CIP)은 서지정보유통지원시스템
홈페이지(http://seoji.nl.go.kr)와 국가자료종합목록시스템(http://www.nl.go.kr/
kolisnet)에서 이용하실 수 있습니다. (CIP제어번호: 2010003298)